¡Hola!

실비아의
SILVIA'S

스페인어
SPANISH

멘토링
MENTORING

실비아의 스페인어 멘토링 1(입문편)

지은이	실비아 전 (Silvia Chun)
발행인	곽호민
펴낸곳	실비아스페인어 SILVIASPANISH

초 판 1쇄 발행	2016년 12월 1일
개정판 2쇄 발행	2025년 3월 10일

책임편집	이수빈, 김소정
기획총괄	이희주, 안홍찬
감 수	진주은, 이희정
오디오편집	Abigail Santamaría Estrada
원어민녹음	Abigail Santamaría Estrada
표지디자인	그래픽웨일
삽 화	http://www.freepik.com

주 소	서울시 광진구 자양로 43길 96, 3층
편집·구입문의	010-8423-8959
이메일	silviaspanish@naver.com
웹사이트	www.silviaspanish.co.kr

출판등록	2016-000096
ISBN	979-11-979921-9-3

스페인어를 시작하는 가장 쉬운 방법

<small>개정판</small>

실비아의 스페인어 멘토링

실비아 전 지음

SILVIASPANISH

입문편 **1**

안녕하세요. 실비아입니다.
실비아의 스페인어 멘토링이 만들어지기까지 너무 많은 분들의 도움, 아직도 잊지 못합니다.
스페인어라는 새로운 언어는 저에게 그냥 하나의 언어가 아니라 저의 인생의 빛을 만들어준
고마운 존재입니다.
스페인어를 통해 보낸 시간들 그리고 소중한 인연들, 실비아라는 이름으로 즐거운 삶을
만들어준 학생분들께 감사드립니다.

이제 몇 년 더 강의를 할 수 있을지 고민하는 요즈음…
저의 마음은 아직도 처음 수업을 시작했던 20대의 실비아 그대로입니다.
제가 강의를 할 수 있는 날까지 그리고 스페인어가 필요한 학습자분들께 저의 변함없는
초심을 계속 보여드릴 것을 약속 드립니다.

준비한자에게는 기회가 온다는 말이 있습니다.
그 타이밍은 각자 다르겠지만 그 희열을 느끼시는 그 날까지
실비아가 함께 하고싶습니다.
스페인어라는 새로운 도전을 하시는 여러분께
눈부시고 설렘으로 가득 찬 미래가 함께 하길 바랍니다.
실비아도 좋은 강의로 함께 하겠습니다.

감사합니다.

새로운 언어를 배운다는 것은 새로운 세계를 만나는 것입니다. 스페인어는 미지의 호기심입니다. 스페인의 열정과 광활한 남미 대륙의 미래가 새로운 언어에의 도전을 자극합니다. 가슴 설레는 일이 아닐 수 없습니다. 스페인어를 배우는 것은 새로운 기회를 찾기 위한 도전입니다. 이 위대한 도전을 실비아(Silvia) 선생님과 함께 하게 됨은 커다란 행운입니다.

교육부 국장급 공무원으로 국립외교원 고위정책과정 연수 중에 멕시코, 칠레, 아르헨티나를 방문할 기회가 있었습니다. 영미권의 문화에 너무도 익숙해있던 고정 관념을 깨뜨리고 세상의 넓음을 새삼 깨닫게 되는 인식의 충격이 있었습니다. 귀국하자마자 연수원의 스페인어 반에 들어갔습니다.

처음 배우는 외국어가 쉽지 않은 건 당연한 일, 실비아 선생님이 아니었다면 바로 포기했을 것입니다. 실비아 선생님은 어린 시절부터 남미에 살면서 몸으로 배운 살아 있는 언어 학습법을 체득하고 있었습니다. 배우는 대목마다 대나무의 마디 같은 매듭을 하나하나 지어주시는 것이 너무도 감탄스러웠습니다. 그 매듭을 토대로 쑥쑥 성장하는 것이지요. 외국어를 배우는 수강생의 입장이었지만 여러 번 칭찬의 말씀을 드렸습니다. 사람들이 스페인어를 어떻게 배우고, 이에 따라 어떻게 가르쳐야 하는 지를 너무도 잘 알고 있는 타고난 선생님이라고요!

열정은 실비아 선생님의 또 다른 무기입니다. 학습자가 잘 배워야 한다는 선생님으로서의 사명감과 열정은 스페인과 남미의 뜨거운 설레임이 그대로 전해지는 것 같았습니다. 쉽지 않은 새로운 언어 배우기를 앞에서 끌고 뒤에서 밀어주는 훌륭한 멘토였습니다.

새롭게 출간하는 스페인어 입문서에 '멘토링'을 강조한 것은 우연이 아닙니다. 멘토링의 의미는 결국 언어는 스스로 체득하고 익혀야 한다는 것을 함축하고 있기도 합니다. 새로운 언어를 배우는데 지름길은 없지만 평탄한 길을 따라 목표에 도달할 수 있는 좋은 멘토링은 필요하지 않을까요?

경험과 열정을 겸비한 최고의 멘토가 공들여 쓴 <실비아의 스페인어 멘토링>은 여러분의 친구가 되어줄 것입니다. 새로운 세계에 도전하는 동반자가 되어 줄 것입니다. 스페인어라는 새로운 세계를 향한 첫걸음에서 실비아 선생님을 만난 것은 여러분의 행운입니다.

여러분께 행운이 가득하길 빕니다.
¡Deseo mucha suerte para todos!

박성수(교육부 고위공무원)

스페인어의 최고 동반자를 소개합니다!

저는 30년 전부터 스페인어와 중남미에 대해서 배우기 시작했고, 지금도 라틴 세계와 관련된 일을 하고 있습니다.

오랫동안 스페인어와 함께 했지만, 항상 스페인어에 대한 부담감이 있었습니다.

그러다가, 우연히 온라인에서 만난 실비아 스페인어.

언어를 배우는데 이전과 전혀 다른 접근 방식, 언어와 문화를 함께 다루고 있어, 실제 현지인들과의 의사소통에 큰 도움이 되었습니다.

그리고 실비아 스페인어와 함께한지 얼마 되지 않은 많은 사람들이 자신의 이야기를 맘껏 스페인어로 이야기하는 모습을 보고 많이 놀랐습니다.

저도 이렇게 스페인어를 배우기 시작했다면, 시간낭비 하지 않았을 텐데 하는 생각이 들었습니다. 스페인어에 대해서는 실비아샘을 그냥 믿고 따라가시면 후회하지 않으실 것을 확신합니다. 작은 차이가 큰 결과의 차이를 만듭니다.

황정한
현) 주칠레 한국대사관 외교관(공사참사관)
전) 코트라 에콰도르 무역관장
작가 (저서: 에콰도르, 풍성한 삶으로 가는 길 /
포스트 코로나 라틴 비즈니스 커뮤니케이션)

안녕하세요. Camila라는 이름을 통해서 이전과 또 다른 삶을 살아가고 있는 실비아스페인어의 수강생입니다.

오랜 직장생활에 염증을 느끼던 즈음 우연히 들른 서점에서 실비아 선생님의 책한권을 통해 저는 스페인어의 매력에 마술처럼 빠져들었습니다.

배우면 배울수록 내 영혼을 춤추게 하고 내 마음을 풍요롭게 해주는 느낌, 이 멋진 언어를 통해서 또 다른 꿈을 실현할 수 있는 용기를 가질 수 있었고 하나씩 실현해가고 있습니다.

언어를 통해서 경험할 수 있는 세상이 얼마나 큰지는 아시나요?

두 팔을 펼쳐 세상을 갖는 느낌, 내 삶이 확장되는 소름 돋는 경험, 상상만으로도 가슴 벅찬 일입니다. 내게 스페인어는 이런 상상에 날개를 달아주었습니다. 다양한 문화와 그 문화에서 깨닫는 지혜와 지식은 사고의 폭을 넓혀 풍요롭고 생동감 있는 삶으로 변화할 수 있는 긍정적인 원인제공자가 되어줍니다.

오랜 시간 즐겁게 공부할 수 있다는 것은 판에 박힌 가르침이 아니라 실비아 스페인어만의 다양한 주제를 통한 확실한 차별성과 그녀의 식지 않는 열정이 있기에 가능하다고 생각합니다.

열정과 예술이 살아 숨쉬는 스페인어를 벗으로 삼아 즐길 수 있는 기회를 가져 보시면 어떨까요?

혹은 언어를 창작하고 자신의 길을 좀 더 넓혀보는 건 어떨까요?

무언가를 배우기 위해서 무엇보다 중요한 건, 배움에 대한 갈망과 열정입니다. 그 열정과 갈망에 즐거움을 책임질 실비아 스페인어를 통해서 이제 당신의 이야기를 만들어 보세요.

정진선

Introducción 책의 구성

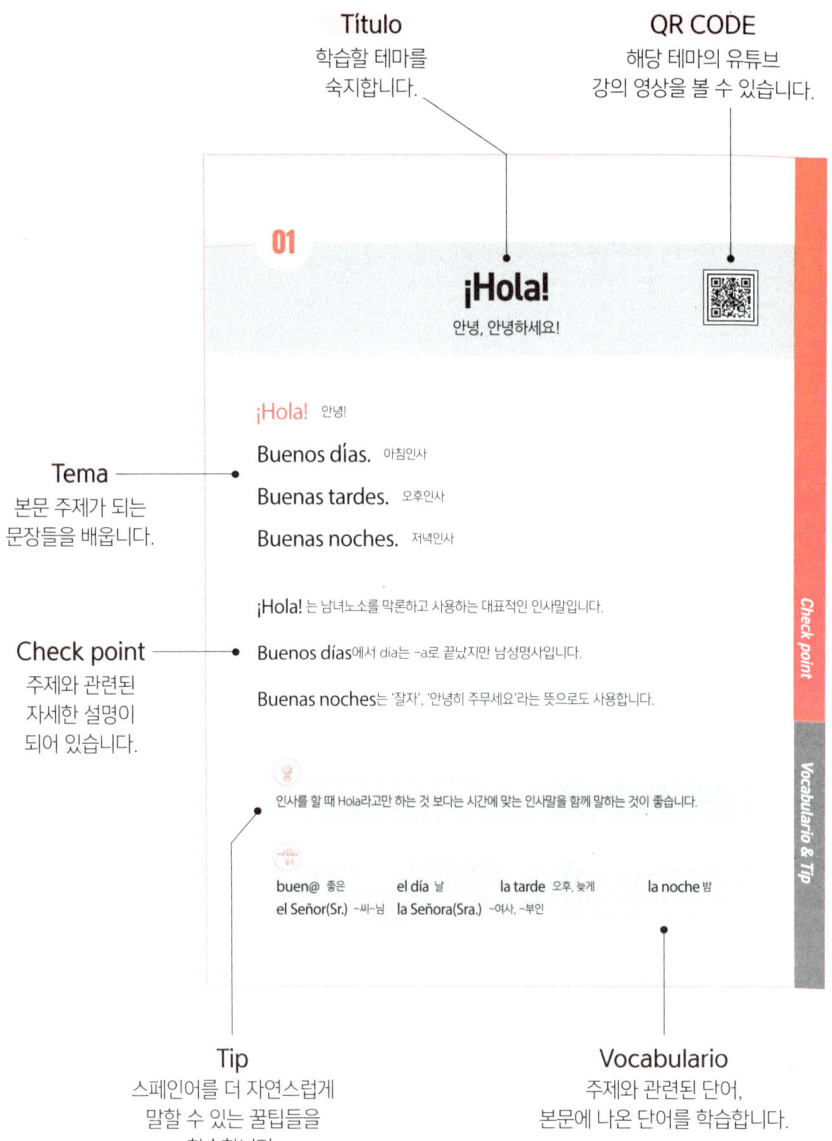

Título
학습할 테마를 숙지합니다.

QR CODE
해당 테마의 유튜브 강의 영상을 볼 수 있습니다.

Tema
본문 주제가 되는 문장들을 배웁니다.

Check point
주제와 관련된 자세한 설명이 되어 있습니다.

Tip
스페인어를 더 자연스럽게 말할 수 있는 꿀팁들을 학습합니다.

Vocabulario
주제와 관련된 단어, 본문에 나온 단어를 학습합니다.

❶ 여러분의 스페인어 이름을 만들어보세요.
　이름을 붙이면 조금 더 친근하게 다가갈 수 있습니다.

❷ 이 교재에서 @는 성별에 따라 –a 또는 –o로 어미가 변화하는 형용사나 명사를 한꺼번에
　표기하는 의미입니다.
　– buen@ : bueno(남성형)과 buena(여성형)을 함께 나타냅니다.

❸ 스페인어에서 의문문을 만들 때는 주어와 동사의 순서를 바꿔도 되지만,
　구어체에서는 간단히 끝을 올려 말하면 의문문이 됩니다.

❹ 스페인어는 인칭에 따라 동사가 변형되기 때문에 주어를 생략하고 말하는 경우가 많습니다.
　교재의 동사 앞에 (　)로 표시되어 있는 주어는 생략하고 말하는 연습을 해보세요.
　* 단, 3인칭 단수/복수에 해당하는 주어는 여러가지이므로 주어를 써주는 것이 좋습니다.

단수	1인칭	나는	yo
	2인칭	너는	tú
	3인칭	그는/그녀는/당신은	él, ella, usted
복수	1인칭	우리는	nosotr@s
	2인칭	너희는	vosotr@s
	3인칭	그들은/그녀들은/당신들은	ell@s, ustedes

❺ 스페인어는 세계에서 가장 빠른 언어 중 하나입니다.
　유창한 스페인어를 구사하기 위해서는 빠르게 말하는 연습을 하는 것이 좋습니다.

선행학습	알파벳/정관사 사용법	15
01	¡Hola! 안녕, 안녕하세요!	25
02	Soy Antonio. 나는 안또니오야.	26
03	¿Cómo es Antonio? 안또니오는 어떤 사람이야?	28
04	¡Encantad@! 만나서 반갑습니다!	30
05	¿Cómo estás Sofía? 소피아 잘 지내지?	32
06	¿Dónde estás Sofía? 소피아, 너 어디니?	34
07	¿Qué día es hoy? 오늘은 무슨 요일이니?	36
08	Hasta pronto. 또 보자, 잘 가!	38
09	El número 1 숫자 배우기	40
10	¿Hablas español? 스페인어 (말) 할 수 있어?	41
11	Hablar 동사의 친구들	43
12	Mi amiga Sofía. 내 친구 소피아	45
13	Deseo estudiar contigo. 너와 공부하고 싶어.	47
14	Comer 동사의 친구들	49
15	Vivir 동사의 친구들	51
16	El número 2 ~100까지	53

17	¿Qué hora es?	56
	지금 몇 시야?	
18	Hoy es mi cumpleaños.	58
	오늘은 내 생일이야.	
19	Tener 동사	60
20	Tengo sueño.	62
	나 졸려.	
21	Tener que+동사원형	64
	~을 해야만 해.	
22	¿Qué quiere?	66
	무얼 원하세요?	
23	Quiero vivir contigo.	68
	너와 함께 살고 싶어.	
24	Querer 동사의 친구들	70
25	Vamos a mi casa.	72
	우리 집에 가자.	
26	¿Qué vas a hacer ahora?	74
	지금 뭐 할거야?	
27	Hoy hace mucho calor.	77
	오늘은 날씨가 무척 더워.	
28	Las estaciones de Corea	79
	한국의 계절	
29	Hace 3 meses que vivo en Seúl.	81
	서울에 산 지 3개월 되었어요.	
30	¿Cómo es tu vida en Corea?	83
	한국에서의 생활은 어때?	
31	¿Puedes cocinar la comida coreana?	85
	너는 한국 음식을 요리할 수 있니?	
32	Poder 동사의 친구들	87
33	¿Jugamos al fútbol?	90
	우리 축구 할래?	

34	¿Sabes tocar la guitarra? 기타 칠 줄 아니?	92
35	¿Sabes dónde está Antonio? 안또니오가 어디에 있는지 알아?	94
36	Estoy de vacaciones. 나 휴가중이야.	96
37	¿Qué prefieres tomar? 어떤 걸 마실래?	98
38	Este fin de semana voy a visitar a mis padres. 이번 주말에 나의 부모님을 찾아 뵐 거야.	100
39	Mañana llueve mucho. 내일은 비가 많이 온대.	102
40	Yo te quiero. 너를 좋아해.	104
41	No te amo. 너를 사랑하지 않아.	107
42	Yo te regalo este libro. 이 책을 너에게 선물할게.	109
43	Yo voy a regalártelo. 너에게 이것을 줄게.	112
44	Me gusta el verano. 나는 여름을 좋아해.	114
45	Me duele la cabeza. 나 머리가 아파.	118
46	Mi madre 나의 어머니	121
47	Mi padre 나의 아버지	123
48	¿Qué estás haciendo? 지금 뭐 하고 있니?	125

49	Yo estudio escuchando (la) música. 나는 음악을 들으면서 공부해.	128
50	Me levanto a las 6 de la mañana. 나는 아침 6시에 일어나.	130
51	Los domingos no me lavo la cara. 일요일에(일요일마다) 나는 세수를 안 해.	132
52	¡Tienes que lavarte las manos antes de comer! 식사 전에는 손을 닦아야 해!	135
53	¿Cómo es tu horario? 너의 하루 일과는 어때?	138
54	¿Te vas? 너 가니?	141
55	¿Se puede entrar? 들어가도 될까요?	144
56	강세가 도대체 어디에 있는 거야?	147
57	그럼 aeropuerto는 어딜 올려야 하지?	148
58	¿Qué te parece tomar café? 커피 한 잔 어때?	150
59	¿A quién te pareces? 넌 누구를 닮았니?	152
60	¿Qué es lo que necesitas ahora? 지금 필요한게 뭐야?	154
61	Verónica es más guapa que Ana. 베로니카가 아나보다 미녀야.	157
62	¿Has estado alguna vez en México? 멕시코에 가 본 적 있니?	160
63	Hoy he roto con mi novio. 오늘 남친이랑 끝났어.	163
64	Pretérito perfecto simple indicativo 단순과거란?	167

65	단순과거 -er형 규칙동사	170
66	단순과거 -ir형 규칙동사	173
67	단순과거 불규칙 동사 1 ser, ir, dar, ver	176
68	단순과거 불규칙 동사 2 estar, tener, poder, venir, hacer, poner, querer	179
69	단순과거 불규칙 동사 3 leer, creer, oír, reír	184
70	단순과거 불규칙 동사 4 sentir, pedir, dormir	187
71	단순과거 불규칙 동사 5 buscar, pagar, empezar	190
72	Hoy 그리고 Ayer 현재완료와 단순과거의 차이점	194
더보기	단어모음	199
더보기	플러스테마	208

선행학습

01 알파벳 Abecedario
02 정관사 사용법

01 알파벳 Abecedario

[모음]

스페인어의 모음은 a e i o u 5개로 구성되어 있으며 이 5개 모음들은 강모음 a, e, o와 약모음 i, u로 나누어집니다.

a

[아]라고 발음합니다.

casa [까사] 집　　　　cama [까마] 침대

e

[에]라고 발음합니다.

mesa [메사] 탁자　　　esto [에스또] 이것

i

[이]라고 발음합니다.

ir [이르] 가다　　　　idea [이데아] 의견, 생각

o

[오]라고 발음합니다.

sol [쏠] 태양　　　　solo [쏠로] 홀로

u

[우]라고 발음합니다.

uno [우노] 하나　　　usted [우스뗃] 당신

01 알파벳 Abecedario

[자음]

모음 a, e, i, o, u를 제외한 나머지 문자들은 모두 자음입니다.

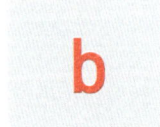

[ㅂ]처럼 발음합니다. ba[바], be[베], bi[비], bo[보], bu[부]

barco [바르꼬] 배, 선박   beso [베소] 키스

a, o, u 앞이나 자음 앞에서 [ㄲ]처럼 발음하고, e, i 앞에서 [ㅆ]처럼 발음합니다. ca[까], co[꼬], cu[꾸], ce[쎄], ci[씨]

casa [까사] 집   cine [씨네] 영화관

★ 스페인 북부, 중부, 동부 지역에서는 대체로 ce/ci를 치간음 [θ]로 발음하고 스페인 남서부 지역, 카나리아제도 그리고 중남미의 대다수 지역에서는 [s]로 발음합니다.

a, e, i, o, u와 함께 다음과 같이 발음합니다.
cha[차], che[체], chi[치], cho[초], chu[추]

chico [치꼬] 소년   chorizo [초리쏘] 소시지

[ㄷ]처럼 발음합니다. da[다], de[데], di[디], do[도], du[두]

dinero [디네로] 돈   dedo [데도] 손가락

영어의 [f] 발음처럼 아랫입술을 가볍게 윗니에 대고 발음합니다.
fa[파], fe[풰], fi[퓌], fo[포], fu[푸]

familia [파밀리아] 가족   fuego [푸에고] 불

g

a, o, u 앞이나 자음앞에서 [ㄱ]처럼, e, i 앞에서 [ㅎ]처럼 발음합니다. ga[가], ge[헤], gi[히], go[고], gu[구]

gato [가또] 고양이   girasol [히라쏠] 해바라기

★ 스페인 복합철자 gu도 e, i 앞에서 [ㄱ]처럼 발음하며 u 위에 음가부호 (¨) 가 있는 güe, güi의 경우 각각 [구에], [구이]로 발음합니다.
guerra [게라] 전쟁   guitarra [기따라] 기타   vergüenza [베르구엔싸] 부끄러움

h

발음되지 않는 무성음입니다.
ha[아], he[에], hi[이], ho[오], hu[우]

helado [엘라도] 아이스크림   hielo [이엘로] 얼음

j

목 안쪽에서부터 강하게 [ㅎ]처럼 발음합니다.
ja[하], je[헤], ji[히], jo[호], ju[후]

jirafa [히라파] 기린   jaula [하울라] 새집

k

외래어 표기에 사용하며 [ㄲ]처럼 발음합니다.
ka[까], ke[께], ki[끼], ko[꼬], ku[꾸]

kilómetro [낄로메뜨로] 킬로미터   koala [꼬알라] 코알라

l

[ㄹ]처럼 발음합니다. la[라], le[레], li[리], lo[로], lu[루]

libro [리브로] 책   luna [루나] 달

ll

a, e, i, o, u와 함께 다음과 같이 발음됩니다.
lla[야], lle[예], lli[이], llo[요], llu[유]

llave [야베] 열쇠   caballo [까바요] 말

★ 복합철자 ll는 지역에 따라 발음이 약간 다릅니다. 예를 들어 calle의 경우 스페인 대부분의 지역에서는 [까(이)예]로 발음하고, 중북부 지방에서는 [깔리]로 발음합니다. 중남미 지역에서는 대체로 [까제]로 발음합니다.

01 알파벳 Abecedario

[ㅁ]처럼 발음합니다. ma[마], me[메], mi[미], mo[모], mu[무]

manzana [만싸나] 사과   muñeca [무녜까] 인형

[ㄴ]처럼 발음합니다. na[나], ne[네], ni[니], no[노], nu[누]

nariz [나리쓰] 코   noche [노체] 밤

★ c, g, j, q 앞에 올 때는 [응]으로 발음합니다.
  → blanco [블랑꼬] 하얀   sangre [상그레] 피   granja [그랑하] 농장   tanque [땅께] 탱크
★ b, m, p, v 앞에 올 때는 [m]으로 발음합니다.
  → en Bélgica [엠 벨히까] 벨기에에서   conmigo [꼼미고] 나와 함께   en pie [엠 삐에] 발로

a, e, i, o, u 앞에서 다음과 같이 발음합니다.
ña[냐], ñe[녜], ñi[니], ño[뇨], ñu[뉴]

niño [니뇨] 어린아이   pañuelo [빠뉴엘로] 손수건

[ㅃ]처럼 발음합니다. pa[빠], pe[뻬], pi[삐], po[뽀], pu[뿌]

panda [빤다] 팬더   piano [삐아노] 피아노

★ -pt-를 가진 단어의 경우 [p]이 받침이 되어 발음합니다.
  → séptimo [쎕띠모] 일곱번 째   septiembre [쎕띠엠브레] 9월
★ ps-로 시작하는 단어에서는 p가 발음되지 않습니다.
  → psicología [씨꼴로히아] 심리학

항상 u와 함께 복합철자 qu를 형성하고 e, i와 함께 que[께], qui[끼]로 발음합니다.

queso [께소] 치즈   máquina [마끼나] 기계

[ㄹ]처럼 발음한다. 모음사이와 이중자음 br, cr, dr, fr, gr, kr, pr, tr에서 단순진동음으로 발음됩니다.
ra[라], re[레], ri[리], ro[로], ru[루]
bra[브라], cre[끄레], dra[드라]

cara [까라] 얼굴   traje [뜨라헤] 옷, 양복

단어의 처음 그리고 같은 음절에 속하지 않는 자음(l, n, s) 뒤에서 복합 진동음([ㄹㄹ] 발음을 떨어줌)으로 발음됩니다.

rata [ㄹ라따] 쥐   rosa [ㄹ로사] 장미

★ 접두어 ab-, sub-, post- 뒤의 r는 같은 음절이 아니며 복합 진동음으로 발음합니다.
→ subrayar [수브ㄹ라야르] 강조하다   postromántico [뽀스뜨ㄹ로만띠꼬] 후기낭만주의
★ 복합철자 rr는 복합 진동음으로 발음합니다. 단어의 첫 머리에 오는 경우가 없으며, 항상 모음사이에 나타납니다.
→ perro [뻬ㄹ로] 개   torre [또ㄹ레] 탑

[ㅅ]보다 강하게 발음합니다.
sa[사], se[세], si[시], so[소], su[수]

sol [쏠] 태양   suerte [수에르떼] 행운, 복

[ㄸ]처럼 발음합니다. ta[따], te[떼], ti[띠], to[또], tu[뚜]

tambor [땀보르] 북   tigre [띠그레] 호랑이

[ㅂ]처럼 발음합니다. va[바], ve[베], vi[비], vo[보], vu[부]

vaca [바까] 소   ventana [벤따나] 창문

01 알파벳 Abecedario

W

외래어를 표기할 때 사용합니다. 대체로 영어에서 온 단어는 [u]로, 독일어에서 온 단어는 [b]로 발음합니다.

waterpolo [와떼르뽈로] 수구

X

모음 사이에서 또는 음절의 마지막 위치에서 [ks], [gs]로 발음합니다.
exa[엑사], exe[엑세], exi[엑시], exo[엑소], exu[엑수]

examen [엑사멘] 시험

단어의 첫 머리에서는 [s]로 발음합니다.

xilófono [실로포노] 실로폰

★ 고유명사인 경우 [ㅎ]로 발음합니다.
→ México [메히꼬] 멕시코   Texas [떼하스] 텍사스

y

a, e, i, o, u와 함께 다음과 같이 발음합니다.
ya[야], ye[예], yi[이], yo[요], yu[유]

yoyo [요요] 요요

독립적으로 쓰이거나 단어의 끝에 올 경우 [i]로 발음합니다.

y [이] 그리고   ley [레이] 법률

z

[ㅆ]발음으로 혀를 윗니와 아랫니 사이에 약간 내놓고 발음합니다.
za[싸], ze[쎄], zi[씨], zo[쏘], zu[쑤]

zapato [싸빠또] 구두   zorro [쏘르로] 여우

★ 스페인에서는 대체로 치간음[θ]으로 발음하는 반면, 중남미 대부분의 지역에서는 [s]로 발음합니다.

02 정관사 사용법

1 서로 간에 이미 알고 있는 명사를 나타낼 때 혹은 일반적인 의미로 전체를 나타낼 때 사용합니다.

el libro [엘 리브로] 그 책   la casa [라 까사] 그 집

2 타이틀에는 정관사를 사용하지만 호칭으로 쓰일 때는 관사를 생략합니다.

El Sr.Julio es bueno. [엘 세뇨르 훌리오 에스 부에노] 훌리오씨는 착한 사람입니다.
¡Buenos días! Sr.Julio. [부에노스 디아스! 세뇨르 훌리오] 안녕하세요! 훌리오씨

3 언어 명사에는 정관사를 사용합니다. 하지만 전치사 de가 언어명사와 함께 사용될 때는 관사를 생략합니다.

El español es fácil. [엘 에스빠뇰 에스 파씰] 스페인어는 쉽다.

el libro de español [엘 리브로 데 에스빠뇰] 스페인어 책

Silvia es profesora de español. [실비아 에스 쁘로훼소라 데 에스빠뇰] 실비아는 스페인어 선생님이다.

Somos estudiantes de español. [쏘모스 에스뚜디안떼스 데 에스빠뇰] 우리들은 스페인어를 배우는 학생들이다.

02 정관사 사용법

4 언어명사가 '습득한다'는 의미가 있는 hablar, aprender, estudiar 등의 동사 다음에 바로 오면 관사를 생략합니다. 하지만 그 사이에 부사가 있으면 관사를 사용하는 것이 일반적입니다.

Juan habla español. [후안 아블라 에스빠뇰] 후안은 스페인어를 할 줄 압니다.

Juan habla muy bien el español. [후안 아블라 무이 비엔 엘 에스빠뇰]
후안은 스페인어를 아주 잘 말할 줄 압니다.

5 [전치사+명사]로 형용사구, 부사구를 만들 때는 관사가 생략되기도 하는데, 그런 경우 대게 하나의 단어처럼 굳어진 관용화 된 표현입니다.

el café con leche [엘 까페 꼰 레체] 밀크커피/라떼

la tienda de ropa [라 띠엔다 데 ㄹ로빠] 옷가게

6 동사 ser 다음에 신분, 직업, 국적 등을 나타내는 명사에는 관사를 쓰지 않습니다.

¿Es médico Lucas? [에스 메디꼬 루까스?] 루까스는 의사입니까?
-Sí, él es médico. [씨, 엘 에스 메디꼬] 네. 그는 의사입니다.

¿Es Ud. coreano? [에스 우스뗀 꼬레아노?] 당신은 한국인입니까?
-Sí, soy coreano. [씨, 쏘이 꼬레아노] 네. 한국인입니다.

01

¡Hola!
안녕, 안녕하세요!

¡Hola! 안녕!

Buenos días. 아침인사

Buenas tardes. 오후인사

Buenas noches. 저녁인사

¡Hola! 는 남녀노소를 막론하고 사용하는 대표적인 인사말입니다.

Buenos días에서 día는 -a로 끝났지만 남성 명사입니다.

Buenas noches는 '잘자', '안녕히 주무세요'라는 뜻으로도 사용합니다.

인사를 할 때 Hola라고만 하는 것 보다는 시간에 맞는 인사말을 함께 말하는 것이 좋습니다.

buen@ 좋은	el día 날	la tarde 오후, 늦게	la noche 밤
el Señor(Sr.) ~씨, ~님	la Señora(Sra.) ~여사, ~부인		

02

Soy Antonio.

나는 안또니오야.

Ser ~이다

(yo)	soy
(tú)	eres
(él, ella, usted)	es
(nosotr@s)	somos
(vosotr@s)	sois
(ell@s, ustedes)	son

Soy Silvia. 저는 실비아입니다.

Soy Antonio. 저는 안또니오입니다.

Soy Gabriel. 저는 가브리엘입니다.

Ser

주어의 이름, 직업, 본질을 나타낼 수 있는 동사로 영어의 be동사와 같은 역할을 합니다.

Soy + (명사, 형용사) 나는 (명사, 형용사) 입니다.

- Soy estudiante. 나는 학생입니다.
- Soy corean@. 나는 한국사람입니다.
- ¿Eres peruan@? 너는 페루사람이니?
- ¡(Tú) eres muy guap@! 너는 매우 멋져 / 예뻐!

1. 스페인어에서는 느낌표와 물음표를 양 끝에 써줍니다.
2. 문장 앞에 사용하는 부호는 뒤집어서 사용합니다.

guap@ 멋진 / 예쁜   muy 매우   el estudiante 학생
peruan@ 페루의   corean@ 한국의

03

¿Cómo es Antonio?
안또니오는 어떤 사람이야?

¿Cómo~ + ser + 사람 / 사물?

¿Cómo es Antonio? 안또니오는 어떤 사람이야?

¿Cómo es Sofía? 소피아는 어떤 사람이야?

   - Antonio es inteligente, sociable y alto. 안또니오는 똑똑하고 사교적이고 키가 커.

   - Sofía es linda, inteligente y alta. 소피아는 예쁘고 똑똑하고 키가 커.

   - Cielo es amable y guapa. 씨엘로는 친절하고 예뻐.

Cómo

'어떤' 이라는 뜻을 가진 의문사로 영어에서의 how와 같은 역할을 합니다.

Antonio es inteligente, sociable y alto. 안또니오는 똑똑하고 사교적이고 키가 커.

주어+ser+(형용사) 주어는 (형용사)하다

* ser 동사를 사용하여 주어의 특징을 설명할 수 있습니다.

형용사의 특징

1. -e로 끝나는 형용사는 주어의 성별을 구분하지 않습니다.
2. -o, -a로 끝나는 형용사는 주어의 성별에 따라 어미가 변합니다.
3. 성별구분과 별개로 모든 형용사는 주어의 단 / 복수에 수 일치를 시켜줍니다.

밋밋하게 형용사만 쭉 나열하는 것 보다 muy (매우)와 같이 강조하는 단어를 넣어주면 더 재미있는 표현이 되겠죠?

[성격의 형용사]

inteligente 똑똑한	buen@ 착한, 좋은	exigente 까다로운
alegre 쾌활한, 밝은 성격의	simpátic@ 친절한	sociable 사회성이 좋은, 사교적인
amable 친절한		

[외모의 형용사]

alt@ 키가 큰	flac@ 날씬한	delgad@ 마른
gord@ 뚱뚱한	hermos@ 아름다운	lind@ 미남인, 미녀인

04

¡Encantad@!

만나서 반갑습니다!

Hola. Soy Silvia. Encantada.
안녕하세요. 실비아입니다. 만나서 반갑습니다.

Hola. Soy Antonio. Encantado.
안녕하세요. 안또니오입니다. 만나서 반갑습니다.

Hola. Soy Silvia. Mucho gusto.
안녕하세요. 실비아입니다. 만나서 반갑습니다.

Hola. Soy Antonio. Mucho gusto.
안녕하세요. 안또니오입니다. 만나서 반갑습니다.

¿Cómo te llamas? / ¿Cómo se llama? 이름이 어떻게 되세요?
Su nombre por favor. 성함 부탁합니다.

Encantad@.

화자의 성별에 따라 encantado(남), encantada(여)로 성을 구분하여 말합니다.

gusto (기쁨, 즐거움)

* 명사이기 때문에 형용사를 강조해주는 muy가 아닌 **mucho**를 사용합니다.
* Mucho gusto는 [형용사+명사]로 만들어진 문장으로 화자의 성별에 따라 변형되지 않습니다.

llamo

재귀동사 **llamarse**(~라고 불리다)의 1인칭 단수 활용형 입니다.

이름 소개하기

- Me llamo Silvia. 저는 실비아라고 불립니다.
- Mi nombre es Silvia. 제 이름은 실비아입니다.
- Soy Silvia. 저는 실비아입니다.

3인칭 존칭(usted, ustedes)을 사용하면 예의있는 표현을 할 수 있습니다.

el gusto 기쁨, 즐거움	llamarse ~라고 불리다	el nombre 이름
por favor 부탁합니다	tu 너의	su 당신의

05

¿Cómo estás Sofía?
소피아 잘 지내지?

Estar ~인 상태이다, ~에 있다	
(yo)	**estoy**
(tú)	**estás**
(él, ella, usted)	**está**
(nosotr@s)	**estamos**
(vosotr@s)	**estáis**
(ell@s, ustedes)	**están**

¿Cómo está Sofía? 소피아, 어떻게 지내요?

¿Cómo estás Sofía? 소피아, 어떻게 지내니?

- Estoy muy bien. Y ¿tú / usted? 저는 잘 지내요. 너는? / 당신은요?

- Estoy mal. Y ¿tú / usted? 못 지내요. 너는? / 당신은요?

- Estoy regular. Y ¿tú / usted? 보통이에요. 너는? / 당신은요?

- Más o menos. Y ¿tú / usted? 그냥 그래요. 너는? / 당신은요?

Estar

변화하는 상태를 나타낼 때 사용하는 동사입니다.

* ser는 변하지 않는 본질에 대해 표현을 할 때 쓰는 동사입니다.

¿Cómo + estar + (주어)? (주어)는 어떻게 지내?

'어떤 상태이니?'하고 상대방의 상태를 묻는 의문문으로 '어떻게 지내니?' '잘 지내니?'와 같이 안부인사를 할 때 사용하는 표현입니다. 이에 대한 대답으로는 아래와 같이 말합니다.

주어 + estar + (형용사)   주어는 (형용사)한 상태이다.

- Yo estoy muy bien. 나는 매우 잘 지내.
- Yo estoy muy cansad@. 나는 매우 피곤해.

estar 동사는 1인칭 단수 / 복수를 제외하고는 아쎈또가 찍힙니다.

mal 나쁜	o 혹은 (영어의 or)	regular 보통의
más 더하기, 더	menos 빼기, 덜	

06

¿Dónde estás Sofía?

소피아, 너 어디니?

¿Dónde estás Sofía? 소피아 너 어디에 있어?

¿Dónde está Sofía? 소피아 어디 계세요?

- Estoy en la escuela. 나는 학교에 있어.

- Estoy en mi casa. 나는 집에 있어.

- Estoy en la cafetería con Antonio. 나는 안또니오랑 카페에 있어.

- Estoy en el hospital con mis padres. 나는 부모님이랑 병원에 있어.

- Estoy en la biblioteca con mi novia. 나는 내 여자친구랑 도서관에 있어

Dónde

'어디에'라는 뜻으로 위치를 묻는 의문사입니다.

¿Dónde + estar + (주어)?   (주어)는 어디에 있어?

- (주어) + estar en + (장소)   (주어)는 (장소)에 있어.

Estoy en mi casa

본인의 집을 말할 때는 관사를 사용하지 않습니다. 관사 la를 붙여 la casa라고 쓸 경우 남의 집이 됩니다. '~의 집'이라는 표현을 할 때는 아래와 같이 쓸 수 있습니다.

- Estoy en la casa de Silvia.   나는 실비아의 집에 있어.

1. 영어에서 s로 시작하는 단어들은 스페인어에서 es로 시작합니다.
   school-escuela 학교 / Spain-España 스페인 / study-estudio 공부
   stress-estrés 스트레스

2. 기관 명사에는 정관사를 함께 사용합니다.
   la escuela 학교 / la oficina 사무실 / el hospital 병원

3. -ía가 붙으면 전문적으로 파는 곳을 나타냅니다.
   cafetería 카페 / panadería 베이커리 / librería 서점 / lavandería 빨래방
   heladería 아이스크림전문점

la escuela 학교   la biblioteca 도서관   con ~와 함께
la / el novi@ 애인   la cafetería 카페   el hospital 병원
los padres 부모님

07

¿Qué día es hoy?

오늘은 무슨 요일이니?

Días de la semana

¿Qué día es hoy? 오늘은 무슨 요일이야?

- Hoy es lunes.   오늘은 월요일이야.

- Mañana es viernes.   내일은 금요일이야.

¿Cuándo es tu cumpleaños? 너의 생일은 언제야?

- El viernes es mi cumpleaños.   금요일이 내 생일이야.

¿Dónde está usted los lunes?   월요일마다 어디에 계신가요?

- Los lunes estoy en la escuela(oficina).
  매주 월요일마다 저는 학교(사무실)에 있습니다.

Mañana es viernes.

* '내일'은 다가올 날이지만 ser 동사의 현재형 es를 그대로 씁니다.
* 현재형 동사는 미래의 의미를 가지고 있는 단어와 함께 사용하면 미래시제와 같은 의미가 됩니다.
* 오늘 / 내일은 ~요일이야 → 관사 없이 사용
  내 생일은 목요일이야 Mi cumpleaños es el jueves. → 특정한 날의 요일은 관사 사용

el domingo 일요일 / los domingos 매주 일요일
요일을 단수로 쓰면 하루에 해당하는 요일을 말하지만, 복수형으로 쓰면 '매주 ~요일'을 뜻합니다.

Cuándo
'언제'라는 뜻의 시간에 관한 의문사입니다.

1. 모든 요일은 남성 명사라는 특징이 있어요. 오늘의 요일을 말할 때는 관사를 사용하지 않지만 다가올 특정한 날의 요일에는 관사 el을 반드시 써주어야 합니다.
2. 강세가 예외적인 단어에는 아쎈또가 찍혀있는 경우가 많습니다.

el día 날	cuándo 언제	hoy 오늘
mañana 내일	el cumpleaños 생일	la escuela 학교

08

Hasta pronto.
또 보자, 잘 가!

Hasta pronto. 우리 곧 만나요.

Hasta el lunes. 월요일에 봅시다.

Hasta mañana. 내일 만나요.

Hasta luego. 안녕히 가세요. 잘 가요. 곧 만나요.

Chao. 안녕. 잘 가.

Chau. 안녕. 잘 가.

Adiós. 안녕.

Hasta pronto.
'우리 또 빠른 시일 내에 만나요'라는 뜻으로 정확히 만날 약속이 정해지지 않았을 때 사용합니다.

Hasta + el + 요일 ~요일에 만납시다.

la mañana 오전 / mañana 내일
mañana는 관사의 유무로 의미를 구분합니다.

Chao 혹은 Chau 두 번 사용하기도 하고 다른 인사말에 붙여서 사용하기도 합니다.
- ¡Chao! Hasta mañana.
- ¡Chao chao!
- ¡Chau chau!

Adiós.
A+Diós '신에게로'라는 뜻으로 예전에는 다시 돌아오지 못하는 상대방에게 사용했지만 요즘은 멀리 떠나는 경우나 헤어질 때 인사로 사용합니다.

한 쪽에서 Adiós라고 한다면 한 쪽에서는 다른 표현을 사용해서 인사하는 것이 매너입니다.

hasta ~까지   pronto 신속히   mañana 내일
el lunes 월요일   luego 곧, 나중에

09 El número 1
숫자 배우기

0 cero
1 uno
2 dos
3 tres
4 cuatro
5 cinco
6 seis
7 siete
8 ocho
9 nueve
10 diez

문서상 숫자를 쓸 때는 알파벳이 아닌 아라비아 숫자를 씁니다.

10

¿Hablas español?

스페인어 (말)할 수 있어?

Hablar 말하다

(yo)	**hablo**
(tú)	**hablas**
(él, ella, usted)	**habla**
(nosotr@s)	**hablamos**
(vosotr@s)	**habláis**
(ell@s, ustedes)	**hablan**

¿Hablas (tú) español?   너 스페인어 할 수 있니?

- Sí, hablo español un poco.   응, 스페인어 조금 해.

- Sí, hablo un poco de español.   응, 약간의 스페인어를 해요.

¿Qué idioma hablas?   어떤 언어를 말할 수 있니?

- Hablo coreano y español.   저는 한국어와 스페인어를 합니다.

- Hablo inglés y coreano.   저는 영어와 한국어를 합니다.

- Hablo coreano y un poco de español.
  저는 한국어와 약간의 스페인어를 합니다.

hablar + 언어

표현에서는 관사를 사용하지 않습니다.

단, hablar 동사 바로 뒤에 언어가 오지 않을 경우에는 관사 el 사용이 가능합니다.

- Hablo español. 스페인어를 (말)합니다.
- Hablo muy bien el español. 나는 스페인어를 매우 잘 합니다.

상대방의 인칭에 따른 표현

- ¿Usted habla español? 스페인어 가능하십니까?
- ¿(Él) Habla español? 그 사람은 스페인어 구사 하니?

Sofía no habla español. 소피아는 스페인어를 못 해.

부정 표현을 할 때는 동사 앞에 no를 붙입니다.

¿Hablas bien español? 너는 스페인어를 잘 하니?

- No, no hablo español. 아니요, 저는 스페인어를 못해요.
- Sí, hablo muy bien 네, 저는 스페인어를 매우 잘해요.

Hablo를 사용한 구문을 말할 때 주어 yo는 생략합니다.

1. 언어는 모두 남성 명사입니다. el español 스페인어 / el inglés 영어 / el coreano 한국어
2. 관사 el과 3인칭 남성 대명사 él은 아쎈또로 구분합니다.
3. 상대방이 사용한 동사를 파악한 후 1인칭으로 바꾸어 사용하면 질문에 대한 답변을
   쉽게 할 수 있습니다.

de ~의   el inglés 영어   y 그리고
el coreano 한국어   el español 스페인어   el chino 중국어

11
Hablar 동사의 친구들

	Cantar 노래하다	Cocinar 요리하다
(yo)	canto	cocino
(tú)	cantas	cocinas
(él, ella, usted)	canta	cocina
(nosotr@s)	cantamos	cocinamos
(vosotr@s)	cantáis	cocináis
(ell@s, ustedes)	cantan	cocinan

Sofía canta muy bien. 소피아는 노래를 매우 잘 해.

¿(Tú) cantas muy bien? / ¿Cantas (tú) muy bien? 너는 노래를 잘 하니?
  - Sí. 응.
  - No, (yo) no canto muy bien. 아니, 나는 노래를 잘 하지 않아.
  - Un poco. 조금/약간.

Sofía cocina muy bien. 소피아는 요리를 매우 잘 해.

¿Cocinas muy bien? 너는 요리 아주 잘 해?
  - Sí, cocino muy bien. 응. 나는 요리를 매우 잘 해.

Cocino todos los días. 나는 매일 요리를 해.

	Tomar 마시다	Estudiar 공부하다
(yo)	tomo	estudio
(tú)	tomas	estudias
(él, ella, usted)	toma	estudia
(nosotr@s)	tomamos	estudiamos
(vosotr@s)	tomáis	estudiáis
(ell@s, ustedes)	toman	estudian

¿Tomamos café? 우리 커피 마실까?

* tomar 동사는 1인칭 복수형인 tomamos를 많이 사용합니다.

¡Tomamos jugo(zumo) de naranja! 우리 오렌지주스 마시자.

Sofía estudia español. 소피아는 스페인어를 공부해.

¿Estudiamos español? 스페인어 공부 같이 할까?

이외의 -ar 동사

bailar 춤추다	amar 사랑하다	desear 소망하다, 바라다
saludar 인사하다	mirar 보다	esperar 기다리다
besar 키스하다	trabajar 일하다	usar 사용하다
fumar 담배를 피우다	necesitar 필요로 하다	pagar 지불하다
invitar 초대하다	escuchar 듣다	caminar 걷다
entrar 들어오다, 들어가다	comprar 구입하다	regresar 돌아가다, 돌아오다, 되돌려 주다, 되돌아 가다

'우리 같이 ~할까?'라는 의미를 나타낼 때는 1인칭 복수형을 사용합니다.

¿Cantamos? 우리 노래할까? / ¿Cocinamos? 우리 요리할까? / ¿Estudiamos? 우리 공부할까?

12

Mi amiga Sofía.

내 친구 소피아

Mi amiga Sofía es coreana.

(Ella) es simpática y también es muy linda como su mamá.

(Ella) siempre está en la escuela para estudiar español.

(Ella) siempre los sábados cocina para su familia.

(Ella) es muy buena amiga para mí.

내 친구 소피아는 한국인이야.

그녀는 친절하고 그녀의 엄마처럼 굉장히 예쁘기도 해.

그녀는 스페인어를 공부하기 위해 항상 학교에 있어.

그녀는 토요일마다 항상 그녀의 가족을 위해 요리해.

그녀는 나에게 매우 좋은 친구야.

Sofía

전치사와 함께 쓰일 때 인칭대명사의 변화

- 1인칭 단수 : yo → mí
  - para mí (O) 나를 위해서
  - para yo (X)

- 2인칭 단수 : Tú → ti
  - para ti (O) 너를 위해서
  - para tú (X)

1인칭 / 2인칭 단수를 제외한 나머지는 그대로 para él / ella / usted 등으로 씁니다.

para siempre 영원히 (=por siempre)

ser 동사와 estar 동사의 비교

- ser 동사 : Sofía의 특징 설명 (직업, 외모, 성격)
- estar 동사 : Sofía의 위치 설명

전치사 뒤에 오는 동사는 모두 동사원형으로 사용합니다.
Para estudiar(viajar, comprar...) 공부(여행, 구매...)하려고

siempre 항상	y también 그리고 역시	para ~를 위해서	como ~처럼
la familia 가족	buen@ 좋은	la amiga 여자사람친구	
el amigo 남자사람친구	la madre 어머니	simpátic@ 친절한	

13

Deseo estudiar contigo.

너와 공부하고 싶어.

Desear 원하다, 희망하다

(yo)	**deseo**
(tú)	**deseas**
(él, ella, usted)	**desea**
(nosotr@s)	**deseamos**
(vosotr@s)	**deseáis**
(ell@s, ustedes)	**desean**

Deseo tomar café con leche.   나는 카페라떼를 마시고 싶어.

Deseo estudiar contigo.   나는 너와 공부하고 싶어.

Deseo cantar contigo.   나는 너와 노래하고 싶어.

Deseo bailar contigo.   나는 너와 춤추고 싶어.

Deseo salir contigo.   나는 너와 사귀고 싶어.

   - ¡Bueno!   좋아. 좋아요!

   - ¡Gracias!   고마워. 감사해요!

   - No gracias.   사양할게. 사양합니다!

Desear + 동사원형 ~를 원하다

Desear는 조동사로서 뒤에 본동사(동사원형)가 옵니다.

- Deseo tomar café. Y ¿tú? 나는 커피 마시고 싶은데, 너는 어때?
- Deseo tomar agua. 물 마시고 싶어.
- Deseo tomar cerveza. 맥주 마시고 싶어.
- Deseo tomar té. 차를 마시고 싶어.

salir con ~와 사귀다

- Quiero salir con Ana. 나는 아나와 사귀고 싶어.

1. Gracias는 권유하는 말에 대한 긍정의 대답으로도 사용할 수 있습니다.
   - Sí, graicas. 좋아.
   - No gracias. 아니 괜찮아.
2. (명사) + por favor
   - Agua por favor. 물 주세요.   - Agua con gas por favor. 탄산수 주세요.
   - Coca Cola por favor. 콜라 주세요.
3. Coca Cola는 고유 명사로, Coca만 사용하거나 Cola만 사용하지 않습니다.

el café 커피   contigo 너와 함께   bailar 춤추다
agua con gas 탄산수   sin ~없이   salir 나가다

14 Comer 동사의 친구들

	Comer 먹다	Deber ~을 해야만 한다
(yo)	como	debo
(tú)	comes	debes
(él, ella, usted)	come	debe
(nosotr@s)	comemos	debemos
(vosotr@s)	coméis	debéis
(ell@s, ustedes)	comen	deben

* 1인칭 복수형태의 동사를 사용한 청유형 문장

¿Comemos algo? 우리 뭐 좀 먹을까?

¿Tomamos algo? 우리 뭐 좀 마실까?

* 발음할 때 연음현상으로 '~salgo'라고 들릴 수 있어요.

Debo estudiar mucho. 나는 공부를 많이 해야만 해.

Debes tomar agua bastante. 너는 물을 충분히 마셔야 해.

* deber + 동사원형 ~을 해야만 한다

	Aprender 배우다	Beber 마시다
(yo)	aprendo	bebo
(tú)	aprendes	bebes
(él, ella, usted)	aprende	bebe
(nosotr@s)	aprendemos	bebemos
(vosotr@s)	aprendéis	bebéis
(ell@s, ustedes)	aprenden	beben

Aprendo español todos los días. 나는 매일 스페인어를 배운다.

* **aprender + 언어** : 언어에는 관사를 사용하지 않습니다.

Bebo cerveza con mis amigos. 나는 내 친구들과 맥주를 마신다.

No bebo mucho alcohol. 나는 술을 많이 마시지 않는다.

Hoy no bebo mucha tequila, porque mañana es lunes.
내일이 월요일이기 때문에 나는 오늘 데낄라를 많이 마시지 않는다.

이외의 -er 동사

| comprender 이해하다 | leer 읽다 | romper 깨다, 찢다 |
| vender 팔다 | creer 믿다 | |

1. **bebe** : beber의 3인칭 단수 / **bebé** : 아기
2. **beber** : 알코올 음료 마실 때 / **tomar** : 일반음료 마실 때
   그러나 어떤 것을 사용해도 문제는 없습니다.

algo 무언가, 어떤 것   **todos los días** 매일매일   **todo el día** 하루종일

15 Vivir 동사의 친구들

Vivir 살다

(yo)	**vivo**
(tú)	**vives**
(él, ella, usted)	**vive**
(nosotr@s)	**vivimos**
(vosotr@s)	**vivís**
(ell@s, ustedes)	**viven**

¿Dónde vive usted? 어디에 사세요?

¿Dónde vives tú? 너 어디에 살아?

- Vivo en Seúl. 나는 서울에 살아.
- Vivo en Jamsil. 나는 잠실에 살아.
- Vivo en Jeju. 나는 제주에 살아.
- Vivo cerca de aquí. 나는 여기 근처에 살아.

¿Con quién vive(vives)? 누구랑 같이 사세요(사니)?

- Vivo con mi familia. 나는 내 가족과 같이 살아.
- Vivo con mis amig@s. 나는 내 친구들과 함께 살아.
- Vivo sol@. 나는 혼자 살아.

Vivir 동사

1, 2, 3인칭 단수가 가장 많이 사용됩니다. 특히 1인칭, 2인칭 단수형 vivo, vives는 굳이 인칭대명사를 사용하지 않아도 주어 구분이 되므로 인칭대명사는 생략 가능합니다.

* **vivo en + (장소)** 나는 ~에 살아.

Quién '누구'라는 뜻의 의문사입니다.

- **¿Con quién?** 누구랑?

¿Dónde vives Silvia? 실비아는 어디에 살아요?

- **Vivo sola en Seúl.** 저는 서울에 혼자 살아요.

Escribir 쓰다

(yo)	**escribo**
(tú)	**escribes**
(él, ella, usted)	**escribe**
(nosotr@s)	**escribimos**
(vosotr@s)	**escribís**
(ell@s, ustedes)	**escriben**

이외의 -ir 동사

abrir 열다	asistir 참석하다	decidir 결정하다	discutir 언쟁하다
recibir 받다, 맞이하다	subir 오르다	dividir 나누다	

Seúl 서울   **cerca de** ~근처에   **sol@** 혼자
aquí 여기   **con** ~와 함께

16

El número 2
~100까지

1~20

#		
1	uno	우노
2	dos	도스
3	tres	뜨레스
4	cuatro	꾸아뜨로
5	cinco	씬꼬
6	seis	쎄이스
7	siete	씨에떼
8	ocho	오초
9	nueve	누에베
10	diez	디에쓰
11	once	온쎄
12	doce	도쎄
13	trece	뜨레쎄
14	catorce	까또르쎄
15	quince	낀쎄
16	dieciséis	디에씨쎄이스
17	diecisiete	디에씨씨에떼
18	dieciocho	디에씨오초
19	diecinueve	디에씨누에베
20	veinte	베인떼

21~40

21	veintiuno	베인띠우노
22	veintidós	베인띠도스
23	veintitrés	베인띠뜨레스
24	veinticuatro	베인띠꾸아드로
25	veinticinco	베인띠씬꼬
26	veintiséis	베인띠쎄이스
27	veintisiete	베인띠씨에떼
28	veintiocho	베인띠오초
29	veintinueve	베인띠누에베
30	treinta	뜨레인따
31	treinta y uno	뜨레인따 이 우노
32	treinta y dos	뜨레인따 이 도스
33	treinta y tres	뜨레인따 이 뜨레스
34	treinta y cuatro	뜨레인따 이 꾸아뜨로
35	treinta y cinco	뜨레인따 이 씬꼬
36	treinta y seis	뜨레인따 이 쎄이스
37	treinta y siete	뜨레인따 이 씨에떼
38	treinta y ocho	뜨레인따 이 오초
39	treinta y nueve	뜨레인따 이 누에베
40	cuarenta	꾸아렌따

10~100

10	diez	디에쓰
20	veinte	베인떼
30	treinta	뜨레인따
40	cuarenta	꾸아렌따
50	cincuenta	씬꾸엔따
60	sesenta	쎄쎈따
70	setenta	쎄뗀따
80	ochenta	오첸따
90	noventa	노벤따
100	cien	씨엔

* 16부터 29까지 다음과 같은 규칙을 따릅니다.

diez + y + seis → diec + i + seis → dieciséis

  - diez y nueve → diecinueve

veinte + y + uno → veint + i + uno → veintiuno

  - veinte y dos → veintidós

  - veinte y ocho → veintiocho

* 30부터는 연음규칙 없이 십의 자리와 일의 자리를 'y'로 연결하여 사용합니다.

    31 → treinta y uno

    45 → cuarenta y cinco

    99 → noventa y nueve

17

¿Qué hora es?
지금 몇 시야?

Es la 1 (una). 1시

Son las 2 (dos). 2시

Son las 2 (dos) y media. 2시 30분

Son las 8 (ocho) de la mañana. 오전 8시

Son las 8 (ocho) de la tarde. 오후 8시

Son las 4 (cuatro) y 50 (cincuenta). 4시 50분

Son las 5 (cinco) menos 10 (diez). 5시 10분 전

시간표현 : 시 + y + 분

시간표현을 할 때는 ser 동사의 3인칭 단수(es) / 복수(son)를 사용하며, 1시만 단수로 취급하고, 1시 이외의 모든 시간은 복수로 사용합니다.

- Es la 1(una) y media. 1시 30분
- Son las 3(tres) y media. = Son las tres y treinta. 3시 30분
- Son las 9(nueve) de la mañana. 오전 9시
- Son las 4(cuatro) de la tarde. 오후 4시
- Son las 2(dos) y veinte. 2시 20분
- Son las 3(tres) y cuarenta. 3시 40분

시간(hora)는 여성 명사이기 때문에 여성 관사 la / las를 꼭 함께 써야 합니다.

medi@ 반 menos ~를 제외하고 la hora 시간
de la mañana 오전에 de la tarde 오후에 y 그리고

18 Hoy es mi cumpleaños.

오늘은 내 생일이야.

1월 enero	2월 febrero	3월 marzo
4월 abril	5월 mayo	6월 junio
7월 julio	8월 agosto	9월 septiembre
10월 octubre	11월 noviembre	12월 diciembre

¿Cuándo es tu cumpleaños? 너의 생일이 언제야?
- El 15 de febrero. 2월 15일이야.
- Es el 15 de mayo. 5월 15일이야.

Mi cumpleaños es el 15 de abril. 내 생일은 4월 15일이야.

Hoy es mi cumpleaños. 오늘은 내 생일이야.

날짜표현 : 날짜 + de + 월

- 12 de julio 7월 12일

다가오는 날짜의 앞에는 관사 el을 붙여 주어야 합니다.

Hoy es 14(catorce) de abril. 오늘은 4월 14일 입니다.
Mi cumpleaños es el 14(catorce) de abril. 내 생일은 4월 14일 입니다.

1. 영어와 달리 스페인어에서는 월이 문장의 중간에 나올 때, 첫 글자를 소문자로 씁니다.
2. 영어와 다른 날짜표기
   영어 : 월 + 날짜 + 년도 → July 12th, 2022
   스페인어 : 날짜 + de + 월 + de + 년도 → 12 de julio de 2022

19

Tener 동사

Tener 가지다	(yo)	ten**go**
	(tú)	**tie**nes
	(él, ella, usted)	**tie**ne
	(nosotr@s)	tenemos
	(vosotr@s)	tenéis
	(ell@s, ustedes)	**tie**nen

¿Tienes novi@? 남자친구 / 여자친구 있어?

  - Sí. Tengo novi@. 응. 남자친구 / 여자친구 있어.

  - No, no tengo novi@. 아니. 남자친구 / 여자친구 없어.

Hoy no tengo clase. 오늘 수업 없어.

Hoy tengo mucho trabajo. 나는 오늘 일이 많아.

¿Cuántos años tienes? 너 몇 살이야?

  - Tengo 20 años. 나는 20살이야.

Tengo una pregunta. 질문이 있어요.

Tengo un favor. 부탁이 있어요.

> **Tener** 1. 있다, 가지다
> 2. [tengo + 명사] 관용어구
> 3. tener que ~해야 한다 (조동사)

¿Hoy tienes clase? 오늘 수업 있니?

Tengo muchos amigos españoles. 나는 스페인 친구들이 많아.

tener 동사를 활용하여 나이를 물어보는 표현

¿Cuántos años tienes? 너는 몇 살이야?

　- Tengo 21(veintiún) años. 나는 21살이야.

　- Tengo 31(treinta y un) años. 나는 31살이야.

　- Tengo 33(treinta y tres) años. 나는 33살이야.

1. año(년, 해)와 ano(항문)는 완전히 다른 단어이니 유의해서 발음합니다.
2. 아르헨티나 춤 tango는 [땅고], tener 동사 1인칭 tengo는 [땡고]라고 발음합니다.

el año 년, 살(나이), 해　　　　**el favor** 부탁　　　　**la pregunta** 질문

20

Tengo sueño.
나 졸려.

Tengo sueño. 나 졸려.

Tengo hambre. 나 배고파.

Tengo frío. 나 추워.

Tengo calor. 나 더워.

Tengo estrés. 나 스트레스 받아.

Tengo sed. 나 목말라.

Tengo gripe. 나 독감 걸렸어.

Tengo fiebre. 나 열이 나.

Tener 1. 있다, 가지다
2. [tengo + 명사] 관용어구
3. tener que ~해야 한다 (조동사)

의문문 활용

¿Tienes sueño / hambre? 너 졸리니? / 너 배고프니?
 - No, no tengo sueño / hambre. 아니, 안 졸려 / 배 안 고파.

Tengo mucho estrés. 나 너무 스트레스 받아.
Tengo mucha hambre. 나는 너무 배고파.

명사를 목적어로 받는 관용어구이므로 '무척'이라고 강조하고 싶을 때는 형용사를 강조하는 muy가 아닌 much@를 사용해야 합니다.

Tengo sed. (= Agua por favor.)
'나 목말라'라는 표현은 '물 좀 주세요'라는 문장과 일맥상통하겠죠?

명사만 따로 외우지 말고 1인칭 구문으로 암기하면 더 쉽게 사용할 수 있습니다.

el sueño 꿈, 수면, 잠   el estrés 스트레스   la sed 갈증
el frío 추위   la gripe 독감   el calor 더위
la fiebre 열   la hambre 배고픔

21

Tener que + 동사원형

~을 해야만 해.

Tengo que estudiar español para vivir en España.
나는 스페인에 살기 위해서 스페인어 공부를 해야 해.

Tengo que cocinar para mi familia.
나는 가족을 위해 요리해야 해.

Tengo que trabajar mucho.
나는 일을 열심히 해야 해.

Tengo que visitar a mis padres.
나는 부모님을 방문해야 해.

Tengo que comprar un regalo para mi amigo.
나는 내 친구를 위해 선물을 하나 사야 해.

Tienes que trabajar mañana.
너는 내일 일해야 해.

Tienes que aprender inglés.
너는 영어를 배워야 해.

Tienes que estudiar mucho para el examen.
너는 시험을 위해 열심히 공부해야 해.

Tener 1. 있다, 가지다
2. [tengo + 명사] 관용어구
3. **tener que ~해야한다 (조동사)**

Tener que + 동사원형 ~을 해야 한다

조동사는 본동사를 도와주는 동사이고, 본동사는 행위를 나타내는 동사입니다. 조동사는 인칭에 맞게 변형하고 본동사는 원형 그대로 조동사 뒤에 붙여서 사용합니다.

- Tengo que trabajar. 나는 일을 해야 해.

- Tengo que cocinar. 나는 요리를 해야 해.

- Tienes que cocinar. 너는 요리를 해야 해.

- (él, ella, usted) Tiene que estudiar. (그는, 그녀는, 당신은) 공부해야 해.

비슷한 뜻의 deber 동사와는 아래와 같이 의미가 구별됩니다.

deber + 동사원형 : 영어의 must
tener que + 동사원형 : 영어의 have to

1. 한국어에서의 '열심히'는 스페인어 much@로 표현합니다.
2. 스페인어의 관용어구에는 관사를 쓰지 않습니다.

para ~을 위해   en ~에서   vivir 살다
cocinar 요리하다   trabajar 일하다   visitar 방문하다
comprar 구입하다   el regalo 선물   el examen 시험

22

¿Qué quiere?

무엇을 원하세요?

Querer 원하다

(yo)	qu**ie**ro
(tú)	qu**ie**res
(él, ella, usted)	qu**ie**re
(nosotr@s)	queremos
(vosotr@s)	queréis
(ell@s, ustedes)	qu**ie**ren

¿Qué quiere / quieres? 무엇을 원하세요? / 무엇을 원하니?

¿Cuál quiere / quieres? 어떤 걸 원하세요? / 어떤걸 원하니?

Quiero un café con leche. 카페라떼 한 잔 주세요.

Quiero 1 kilo de manzana. 사과 1킬로 주세요.

Quiero 2 kilos de naranjas. 오렌지 2킬로 주세요.

Te quiero. 너를 좋아해. (Ep. 40~41 참고)

Te amo. 너를 사랑해. (Ep. 40~41 참고)

Querer + (명사) ~을 원하다

- Quiero unos aguacates. 아보카도 몇 개 주세요.
- Quiero un vaso de vino blanco. 화이트와인 한 잔 주세요.
- Quiero una galleta. 쿠키 하나 주세요.

Te quiero / Te amo

Te quiero는 '좋아해'라는 캐주얼한 뜻으로 사용되고,
Te amo '사랑해'라는 뜻으로 조금 더 서정적인 표현입니다.

Amar 사랑하다

(yo)	amo
(tú)	amas
(él, ella, usted)	ama
(nosotr@s)	amamos
(vosotr@s)	amáis
(ell@s, ustedes)	aman

qué 무엇
la manzana 사과
el aguacate 아보카도
la galleta 쿠키

cuál 어떤 것
la leche 우유
el vaso 잔

el kilo 킬로
la naranja 오렌지
vino blanco 화이트와인

23

Quiero vivir contigo.

너와 함께 살고 싶어.

Quiero vivir contigo. 나는 너와 함께 살고 싶어.

Quiero trabajar con Antonio. 나는 안또니오와 함께 일하고 싶어.

Quiero descansar en casa. 나는 집에서 쉬고 싶어.

Quiero estudiar mucho. 나는 공부를 열심히 하고 싶어.

Quiero estar sol@. 나는 혼자 있고 싶어.

Quiero pasear por el parque. 나는 공원 쪽을 산책하고 싶어.

Quiero visitar a Sofía. 나는 소피아를 만나러 가고 싶어.

Quiero visitar Argentina. 나는 아르헨티나를 방문하고 싶어.

querer + 동사원형 ~하고 싶다

"Yo quiero mucho a Antonio. Pero él vive en Argentina. Argentina está muy lejos de aquí, pero quiero visitar Argentina. Porque quiero vivir con él."

나는 안또니오를 많이 좋아해. 그러나 그는 아르헨티나에 살아. 아르헨티나는 여기에서 너무 멀리 있어. 그러나 나는 아르헨티나를 방문하고 싶어. 왜냐하면 나는 그와 같이 살고 싶거든.

Visitar 방문하다

목적어가 사람일 때는 목적어 앞에 전치사 a를 써야한다.

(사람)을 방문하다 visitar + a + 사람
(지역)을 방문하다 visitar + 지역이름, 장소

Quiero visitar a Juan este domingo. 이번주 일요일에 후안을 방문하고 싶어.

Quiero visitar Estados Unidos. 나는 미국을 방문하고 싶어.

Tengo que visitar a Silvia esta tarde. 나는 오후에 실비아를 방문해야 해.

Tengo que visitar Argentina. 나는 아르헨티나를 방문해야 해.

trabajar 일하다   **visitar** 방문하다   **descansar** 쉬다
pero 하지만, 그러나   **pasear** 산책하다   **lejos** 먼
el parque 공원   **aquí** 여기

24
Querer 동사의 친구들

Querer 동사와 같이 1, 2, 3인칭 단수와 3인칭 복수에서 e→ie로 불규칙 변화하는 동사들

	Entender 이해하다	Encender 전원을 켜다
(yo)	entiendo	enciendo
(tú)	entiendes	enciendes
(él, ella, usted)	entiende	enciende
(nosotr@s)	entendemos	encendemos
(vosotr@s)	entendéis	encendéis
(ell@s, ustedes)	entienden	encienden

No entiendo español. 저는 스페인어를 이해못해요. (= No sé. 저는 몰라요.)

* 중남미에서는 español 보다 castellano라고 부릅니다.

Encendemos la luz 우리 불 켜자
Encender el gas 가스를 점화하다
Encender pasión 열정을 불태우다
Encender un cigarrillo 담배에 불을 붙이다
Encender la radio 라디오를 켜다
Encender la televisión TV를 켜다

	Pensar 생각하다	Empezar 시작하다
(yo)	p**ie**nso	emp**ie**zo
(tú)	p**ie**nsas	emp**ie**zas
(él, ella, usted)	p**ie**nsa	emp**ie**za
(nosotr@s)	pensamos	empezamos
(vosotr@s)	pensáis	empezáis
(ell@s, ustedes)	p**ie**nsan	emp**ie**zan

Siempre pienso en Sofía. 나는 항상 소피아를 생각해.

* **pensar + 동사원형** ~할 생각이다

 - **pienso estudiar en casa.** 집에서 공부할 생각이야.

* 사고, 생각의 의미를 나타내는 동사는 전치사 en을 함께 사용합니다.

pensar en ~을 생각하다   **concentrar en** ~에 집중하다   **creer en** ~을 믿다
confiar en ~을 신뢰하다   **opinar en** ~ 의견을 갖다

Empiezo a estudiar. 나는 공부를 시작해.

* **empezar + a + 동사원형** ~를 시작하다

Cerrar (문, 창문을) 닫다

(yo)	c**ie**rro
(tú)	c**ie**rras
(él, ella, usted)	c**ie**rra
(nosotr@s)	cerramos
(vosotr@s)	cerráis
(ell@s, ustedes)	c**ie**rran

Cerramos la puerta. 문 닫자.

Quiero cerrar la ventana. 나는 창문을 닫고 싶어.

25

Vamos a mi casa.

우리 집에 가자.

Ir 가다

(yo)	**voy**
(tú)	**vas**
(él, ella, usted)	**va**
(nosotr@s)	**vamos**
(vosotr@s)	**vais**
(ell@s, ustedes)	**van**

¿A dónde vas? / ¿A dónde va usted? 너 어디 가? / 어디 가세요?

- Yo voy al supermercado para comprar las comidas.
  나는 음식을 사러 슈퍼마켓에 가.

- Voy a la oficina porque tengo mucho trabajo.
  나는 일이 많아서 사무실에 가.

- Voy a la cafetería porque tengo una cita con mi novi@.
  나는 애인과 데이트하기 위해서 카페에 가.

¿A dónde vamos? 우리 어디로 갈까?

- Vamos a mi casa para estudiar juntos. 함께 공부하러 우리 집에 가자.
- Vamos al parque para pasear. 우리 산책 하러 공원에 가자.
- Vamos al club con unos amigos. 우리 친구 몇 명이랑 클럽 가자.

'어디에, 어디로' 라는 표현은 **¿Adónde?, ¿A dónde?** 두가지 모두 가능합니다.

ir 와 같이 동사가 굉장히 짧은 경우 인칭대명사를 생략하지 않고 말해주는 경우도 있습니다.

- Yo voy a la iglesia.
- Yo voy al cine.
- Yo voy al centro.

a + el → al : 전치사 a와 관사 el이 만나는 경우 al로 줄여서 사용합니다.

para + 동사원형 : ~하기 위해, ~하러

1. ir 동사의 1인칭 복수인 vamos는 '갑시다', '파이팅!', '시작해볼까?'라는 뜻으로도 사용합니다.
   - ¡Vamos!
2. cita는 데이트, 미팅이라는 두가지 뜻이 있어요. cliente단어가 함께 나오면 미팅, novi@ 단어가 함께 나오면 데이트라는 뜻으로 해석합니다.
3. 장소 앞에는 꼭 관사를 써 주세요.
   - Vamos a la oficina.

el supermercado 슈퍼마켓	la oficina 사무실	comprar 사다
el trabajo 일	la comida 음식	la cafetería 카페
junt@s 함께	la cita 미팅, 데이트	unos 몇 명의
el club 클럽	el cine 영화, 영화관	el centro 시내, 다운타운

26

¿Qué vas a hacer ahora?

지금 뭐 할 거야?

Hacer 하다, 만들다 등...

(yo)	**hago**
(tú)	**haces**
(él, ella, usted)	**hace**
(nosotr@s)	**hacemos**
(vosotr@s)	**hacéis**
(ell@s, ustedes)	**hacen**

¿Qué haces hoy / mañana? 오늘 / 내일 뭐 할 거야?

¿Qué vas a hacer ahora? 너는 지금 뭐 할 거야?

- Yo voy a salir de casa. 나 외출할 거야.

- Voy a estudiar en casa para el examen. 나는 시험을 위해 집에서 공부할 거야.

- Voy a estar todo el día en casa. 나는 하루 종일 집에 있을 거야.

- Voy a hacer yoga. 나는 요가할 거야.

- Voy a escuchar (la) música. 나는 음악을 들을 거야.

- Voy a hacer un poco de café. 나는 커피를 만들 거야. (내릴 거야.)

- Voy a hacer las tareas. 나는 숙제를 할 거야.

Hacer
1. 하다, 만들다
2. [hace + 날씨명사(더위, 추위, 바람, 해)] 날씨표현
3. [hace + 시간] 경과된 시간 표현

ir a + 동사원형 ~을 할 거야. (미래 의미)

¿Qué vas a hacer hoy/pasado mañana/el domingo?
너는 오늘/모레/일요일에 뭐 할거야?

- Voy a estudiar en casa todo el día. 나는 오늘 하루 종일 집에서 공부할 거야.
  =Todo el día, voy a estudiar en casa.
  * 시간표현은 문장의 맨 앞에 써도 됩니다.
- Voy a comprar un libro de español. 나는 스페인어 책을 살 거야.
- Voy a ir a casa. 나는 집에 갈 거야.
- Yo voy a estudiar español todo el día. 나는 하루 종일 스페인어를 공부할 거야.
- Voy a cenar con mi novi@. 나는 내 애인과 저녁식사를 할 거야.
- Voy a estar en casa todo el día, porque tengo sueño.
  나는 졸려서 하루 종일 집에 있을 거야.
- No voy a hacer nada. 아무것도 안 할 거야.
- Voy a descansar. 나는 쉴 거야.

¿Qué vas a comprar en el supermercado? 슈퍼마켓에서 뭐 살 거야?

- Voy a comprar las frutas y 1(un) kilo de carne.
  나는 과일과 고기 1kg를 살 거야.
- Voy a comprar las bebidas y las verduras.
  나는 음료수와 야채를 살 거야.
- No voy a comprar nada. 나는 아무것도 안 살 거야.

Salir 외출하다, 나가다 (hacer와 마찬가지로 1인칭이 -go로 끝나는 동사)

(yo)	sal**go**
(tú)	sales
(él, ella, usted)	sale
(nosotr@s)	salimos
(vosotr@s)	salís
(ell@s, ustedes)	salen

Va a salir el sol. 해가 뜰 거야.

Salimos a la calle para caminar un poco. 우리 좀 걷기 위해 거리로 나가자.

hacer 동사를 이용한 여러 가지 표현
hacer yoga 요가를 하다
hacer la cama 잠자리를 준비하다
hacer una pregunta 질문하다
hacer ejercicio 운동하다
hacer puenting 번지점프를 하다
hacer la maleta 짐을 싸다
hacer un viaje 여행을 하다
hacer la tarea 숙제하다
hacer pilates 필라테스하다

ahora 지금
la carne 고기
pasado mañana 모레
la pregunta 질문
la fruta 과일
la bebida 음료수
la cama 침대
la tarea 숙제, 업무
la verdura 야채
el examen 시험
el ejercicio 운동

27

Hoy hace mucho calor.

오늘은 날씨가 무척 더워.

¿Qué tiempo hace hoy? 오늘 날씨가 어때?

- Hoy hace calor. 오늘은 더워.

- Hoy hace frío. 오늘은 추워.

- Hoy hace viento. 오늘은 바람이 불어.

- Hoy hace sol. 오늘은 화창한 날이야.

- Hoy hace mal tiempo. 오늘은 날씨가 안 좋아.

- Hoy hace frío y viento. 오늘은 춥고 바람이 불어.

Hacer 1. 하다, 만들다
        2. [hace + 날씨명사(더위, 추위, 바람, 해)] 날씨표현
        3. [hace + 시간] 경과된 시간 표현

날씨 표현에는 3인칭 hace만 사용합니다.
'무척'이라고 강조할 때는 hace 뒤에 명사를 꾸며주는 mucho를 사용합니다.

- Hoy hace mucho calor. 오늘은 매우 덥다.
- Hoy hace mucho frío. 오늘은 매우 춥다.
- Hoy hace mucho sol. 오늘은 해가 쨍쨍하다.

bueno / malo는 단수 남성 명사 앞에서 -o가 탈락되며,
buen / mal을 강조할 때는 형용사를 꾸며주는 muy를 사용합니다.

- Hoy hace muy buen/mal tiempo. 오늘은 날씨가 매우 좋다/나쁘다.

주어의 신체에서 느끼는 것을 말할 때는 tener 동사를 사용합니다.

- Hoy hace calor, pero yo tengo frío. 오늘 날씨는 더워, 그렇지만 나는 추워.
- Yo tengo frío, porque tengo gripe. 나는 독감에 걸려서 추워.
- Yo tengo calor, pero hoy hace frío. 나는 더워. 그런데 오늘 날씨는 춥네.

여름에 사용하는 parasol(파라솔)은 parar(멈추다)동사를 사용한 "para+sol(태양)"
스페인어 단어 입니다.

el tiempo 날씨, 시간   mal@ 나쁜   el viento 바람
el sol 해, 태양   fresc@ 선선한, 신선한

Las estaciones de Corea

한국의 계절

Corea tiene 4 estaciones.

Primavera, verano, otoño e invierno.

En primavera hace muy buen tiempo.

En verano hace mucho calor y llueve mucho.

En otoño hace muy buen tiempo como la primavera, porque no hace ni frío ni calor.

Y en invierno hace mucho frío y hace mucho viento.

Y también nieva mucho.

한국은 사계절을 가지고 있어. 봄, 여름, 가을 그리고 겨울.
봄에는 날씨가 매우 좋아. 여름에는 무척 덥고 비가 많이 와.
가을에는 봄처럼 날씨가 매우 좋아. 왜냐하면 덥지도 춥지도 않기 때문이야.
그리고 겨울은 무척 춥고 바람도 많이 불어. 그리고 눈도 무척 많이 와.

Corea는 고유명사이므로 첫 글자 **C**를 대문자로 씁니다.

ni + 명사/형용사 + **ni** + 명사/형용사 ~조차도 …조차도 아니다.

'눈이 오다, 비가 오다' 라는 표현은 **nieva, llueve**라는 동사가 있으므로 **hacer** 동사를 사용하지 않습니다.

본문과 비슷하게 다른 나라의 계절도 표현할 수 있겠죠?

- ¿Cómo son las estaciones de Argentina?
  Argentina tiene 4 estaciones. Primavera, verano, otoño e invierno. En primavera hace muy buen tiempo. En verano hace mucho calor. En otoño hace muy buen tiempo como la primavera. Y en invierno hace mucho frío.

아르헨티나의 계절들은 어때?

아르헨티나는 사계절을 가지고 있어. 봄, 여름, 가을 그리고 겨울.

봄에는 날씨가 매우 좋아. 여름에는 엄청 더워.

가을은 봄처럼 날씨가 매우 좋아. 그리고 겨울은 무척 추워.

1. 여러 가지를 나열할 때, 맨 마지막 단어 앞에 **y**를 사용하여 나열합니다.
   단, y 뒤에 오는 마지막 단어의 발음이 '이'로 시작한다면, 이 때는 y를 **e**로 바꿔줍니다.
2. 스페인어로 긴 스토리를 이야기하고자 한다면 먼저 한국어로 설명할 줄 알아야 합니다.
   한국으로 내용을 완벽히 정리한 후에 스페인어로 암기하세요.

| la estación 계절 | la primavera 봄 | el verano 여름 |
| el otoño 가을 | el invierno 겨울 | porque 왜냐하면 |

29

Hace 3 meses que vivo en Seúl.

서울에 산 지 3개월 되었어요.

¿Cuánto tiempo hace que vive en Seúl?
서울에서 사신 지 얼마나 되셨습니까?

¿Cuánto tiempo hace que trabajas aquí?
여기서 일한 지 얼마나 되었니?

¿Cuánto tiempo hace que estás aquí?
여기에 있은 지 얼마나 되었니?

¿Cuánto tiempo hace que estudias español?
스페인어 공부한 지 얼마나 되었니?

¿Cuánto tiempo hace que viajas Latinoamérica?
남미 여행한 지 얼마나 되었니?

> **Hacer**   1. 하다, 만들다
> 2. [hace + 날씨명사(더위, 추위, 바람, 해)] 날씨표현
> 3. **[hace + 시간] 경과된 시간 표현**

> **Hace + 시간표현 + que + 동사** ~한 지 ~되었다
> **Hace+3 horas/3 días/3 semanas/3 meses/3 años+que+동사**
> ~한 지 3시간 / 3일 / 3주 / 3달 / 3년 되었다.

¿Cuánto tiempo hace que~? ~한 지 얼마만큼의 시간이 되었습니까?
=¿Hace cuánto tiempo que+동사?
¿Cuánto tiempo hace que estudian español?
당신들은 스페인어를 공부하신 지 얼마나 되셨나요?

- Hace 3 meses que estudio español.   나는 스페인어 공부한 지 3개월 되었어.

- Hace 1 hora / 2 horas / 2 días / 2 semanas / 2 años.
  한 시간 / 두 시간 / 이틀 / 2주 / 2년 되었어.

- Hace mucho tiempo. ↔ Hace poco tiempo.
  오래 되었어.   조금 밖에 안됐어.

* 대답은 시간이 주어이기 때문에 hacer 동사의 3인칭 단수 hace를 사용합니다.

tiempo에는 날씨, 시간이라는 두가지 의미가 있습니다. 문맥상으로 의미를 파악할 수 있고, 의문사만으로도 tiempo가 무엇을 의미하는지 알 수 있습니다.
¿Qué tiempo~? → 날씨   ¿Cuánto tiempo~? → 시간

el mes 달   la semana 주   Latinoamérica 중남미

30

¿Cómo es tu vida de Corea?

한국에서의 생활은 어때?

Hola, me llamo Antonio. Yo soy mexicano y ahora vivo en Corea para estudiar coreano. Seúl es una ciudad muy bonita. Aquí en Corea tengo muy buenos amigos en la universidad. Ellos son muy inteligentes y amables. Yo estudio todos los días en la biblioteca de la universidad. Hace 6 meses que aprendo coreano, pienso que coreano es muy difícil. Por eso tengo que estudiar mucho todos los días.

안녕하세요. 저는 안또니오입니다. 저는 멕시코 사람이고 한국어를 공부하기 위해 지금 한국에 삽니다. 서울은 매우 아름다운 도시입니다. 여기 한국에서 저는 대학교에 아주 좋은 친구들이 있습니다. 그들은 아주 똑똑하고 친절합니다. 저는 매일 대학교의 도서관에서 공부를 합니다. 저는 한국어를 배운 지 6개월이 되었지만 내가 생각하기에 한국어는 매우 어렵습니다. 그래서 저는 매일매일 열심히 공부해야 합니다.

Tengo muy buenos amigos.
'친구가 있다'라는 표현을 할 때는 tener 동사를 사용합니다.

en la universidad
기관 명사는 꼭 관사를 동반해야 합니다.

Seúl es una ciudad muy bonita.
ciudad은 여성명사이기 때문에 꾸며주는 형용사도 모두 여성형으로 써야 합니다.

Hace 6 meses que aprendo coreano.
[hace+시간+que+동사]로 시간 경과를 표현합니다.

연음현상

Todos los días [또도슬로스디아스]

Por eso [뽀레쏘]

México의 x는 [ㅎ]발음이 나서 '메히꼬'로 소리납니다. x가 고유명사일 때 [ㅎ]발음으로 읽습니다.

mexicano 멕시코인(남자)   hermos@ 아름다운   la ciudad 도시
inteligente 똑똑한   bonit@ 예쁜, 아름다운   difícil 어려운
por eso 그래서   la biblioteca 도서관   la universidad 대학교

31

¿Puedes cocinar la comida coreana?
너는 한국 음식을 요리할 수 있니?

Poder 할 수 있다

(yo)	**pue**do
(tú)	**pue**des
(él, ella, usted)	**pue**de
(nosotr@s)	podemos
(vosotr@s)	podéis
(ell@s, ustedes)	**pue**den

¿Puedes cocinar (la) comida coreana? 너는 한국 음식을 요리할 수 있니?

¿Puedes tocar bien la guitarra? 너 기타 잘 칠 수 있니?

¿Puedes venir a mi casa? 너 우리 집에 와줄 수 있니?

¿Puedes visitar mi casa un rato? 잠깐 우리집에 들릴 수 있니?

¿Puedo cerrar la ventana? 창문 좀 닫아도 될까요?

¿Puedo entrar? 저 들어가도 될까요?

¿Puedo estar aquí? 저 여기에 있어도 될까요?

¿Puedo usar tu móvil? 나 너의 핸드폰 좀 써도 돼?

- ¡Por supuesto! 당연하죠, 그렇게 하세요.
- ¡Claro! 물론이지!
- ¡Sí! 응!
- ¡Bueno! 좋아
- !Claro que sí! 물론이지!
- ¡Vale! 좋아!

la comida coreana 한국음식
comida가 여성 명사이므로 형용사는 무조건 여성형으로 써야 합니다.

Tocar la guitarra. 기타를 연주하다.
tocar 동사는 '만지다'라는 의미도 있습니다.
'악기를 연주하다'라고 표현할 때는 악기이름에 관사를 꼭 써야 합니다.

- Tocar el piano. 피아노를 연주하다.
- Tocar el violín. 바이올린을 켜다.
- Tocar el instrumento. 악기를 연주하다.

Poder+동사원형 ~를 할 수 있다.
* poder 동사는 o→ue로 바뀌는 불규칙 동사입니다.

¿Puedes cocinar (la) comida italiana / china?
너는 이태리 / 중국 음식을 요리할 수 있니?

¿Puedes tocar el piano / el violín? 피아노 / 바이올린 연주할 수 있니?

- Sí, puedo. 응, 할 수 있어.
- Yo puedo hacer todo. 나는 모든 걸 할 수 있어.

la comida 음식	el piano 피아노	tocar 연주하다
el violín 바이올린	la guitarra 기타	venir 오다

32

Poder 동사의 친구들

	Volver 되돌아가다, 귀가하다	Dormir 잠자다
(yo)	v**ue**lvo	d**ue**rmo
(tú)	v**ue**lves	d**ue**rmes
(él, ella, usted)	v**ue**lve	d**ue**rme
(nosotr@s)	volvemos	dormimos
(vosotr@s)	volvéis	dormís
(ell@s, ustedes)	v**ue**lven	d**ue**rmen

Quiero volver a casa un poco temprano. 난 조금 일찍 집에 가고 싶어.

¿A qué hora vuelves a casa? 몇 시에 집으로 돌아오니?

El domingo volvemos a Corea. 우리는 일요일에 한국으로 돌아가.

Quiero dormir todo el día. 나는 하루 종일 자고 싶어.

¿A qué hora duermes generalmente? 너는 보통 몇 시에 잠자니?

Los bebés duermen casi todo el día. 아기들은 거의 하루종일 잠을 자.

Quiero dormir. 나는 자고 싶어.

Tengo que dormir. 나는 자야 해.

* dormir 동사는 조동사와 함께 자주 사용되며 원형이 많이 쓰입니다.

	Almorzar 점심식사 하다	Encontrar 찾다, 우연히 만나다
(yo)	alm**ue**rzo	enc**ue**ntro
(tú)	alm**ue**rzas	enc**ue**ntras
(él, ella, usted)	alm**ue**rza	enc**ue**ntra
(nosotr@s)	almorzamos	encontramos
(vosotr@s)	almorzáis	encontráis
(ell@s, ustedes)	alm**ue**rzan	enc**ue**ntran

Vamos a almorzar el viernes. 우리 금요일에 점심식사 하자.

Almorzamos juntos. 같이 점심 먹자.

¿A qué hora almorzamos? 우리 몇 시에 점심 먹을래?

Almorzamos un poco tarde. 우리 좀 늦게 점심 먹자.

No encuentro mi móvil. 내 핸드폰을 찾을 수 없어.

Vamos a encontrar una solución. 우리 해결책을 찾아보자.

No puedo encontrar la causa del accidente.
나는 사고의 원인을 찾을 수가 없어.

generalmente = normalmente

이 두 가지 표현은 '보통은~'이라는 뜻으로, 문장의 처음 혹은 마지막에 사용합니다.
이 표현으로 훨씬 더 자연스러운 스페인어를 구사할 수 있습니다.

¿A qué hora almuerzas generalmente? 너는 보통 몇 시에 점심 먹니?

¿Generalmente a qué hora almuerzas? 너는 보통 몇 시에 점심 먹니?

Vamos a almorzar el viernes. 우리 금요일에 점심식사 하자.

다가오는 요일 혹은 과거에 해당하는 요일을 표현할 때는 관사를 반드시 사용해야 합니다.
요일은 모두 남성 명사인거 알고 계시죠?

El domingo volvemos a Corea. 우리는 일요일에 한국으로 돌아가.

el lunes 월요일   el martes 화요일
el miércoles 수요일   el jueves 목요일
el viernes 금요일   el sábado 토요일
el domingo 일요일

1. 여러 가지 조동사
   poder ~할 수 있다 / tener que ~해야 한다 / querer ~하고싶다 / ir a ~할 것이다
2. almorzar(점심을 먹다)동사를 comer 동사로도 바꾸어 사용할 수 있습니다

33

¿Jugamos al fútbol?

우리 축구 할래?

Jugar 경기하다		
	(yo)	**juego**
	(tú)	**juegas**
	(él, ella, usted)	**juega**
	(nosotr@s)	**jugamos**
	(vosotr@s)	**jugáis**
	(ell@s, ustedes)	**juegan**

Juego al fútbol. 나는 축구를 한다.

Juego al golf. 나는 골프를 친다.

Juego al ping pong. 나는 탁구를 친다.

Juego al voleibol. 나는 배구를 한다.

¿Quieres jugar al fútbol conmigo? 나랑 축구할래?

Tengo que jugar al fútbol. 나는 축구를 해야 해.

¿Vas a jugar al fútbol? 너는 축구를 할 거니?

¿En dónde juegas al fútbol? 어디에서 축구할 거야?

Jugar + a + 스포츠 명사 ~경기를 하다.

* 중남미에서는 스포츠 명사를 무관사로 사용하기도 합니다. 그래서 jugar fútbol도 맞는 표현입니다.

* jugar동사와 함께 쓸 수 있는 스포츠 명사에는 스포츠 경기(구기종목), 카드, 체스 같은 게임이 있습니다.

- **Jugar a las cartas.** 카드게임을 하다.
- **Jugar al ajedrez.** 체스를 하다.

* 기구가 필요 없는 운동을 말할 때는 hacer 동사를 사용합니다.

- **Quiero hacer yoga.** 나는 요가를 하고싶다.
- **Tengo que hacer aerobic.** 나는 에어로빅을 해야 해.

어린아이들은 '놀다'라고 말할 때 jugar 동사를 사용하지만 어른들은 '놀다'라는 표현으로 jugar 동사보다 pasar 동사(시간을 보내다)를 사용합니다.

el fútbol 축구　　　　　el voleibol 배구　　　　　el ping pong 탁구

34

¿Sabes tocar la guitarra?
기타 칠 줄 아니?

Saber 알다	
(yo)	**sé**
(tú)	**sabes**
(él, ella, usted)	**sabe**
(nosotr@s)	**sabemos**
(vosotr@s)	**sabéis**
(ell@s, ustedes)	**saben**

¿Sabes cocinar (la) paella? 너 빠에야 요리할 줄 알아?

¿Sabes jugar al golf? 너 골프 칠 줄 알아?

¿Sabes español? 스페인어 할 줄 알아?

¿Sabes bailar la samba? 삼바를 출 줄 아니?

  - No sé cocinar la paella. 나는 빠에야를 요리할 줄 몰라.

  - No sé jugar al golf. 나는 골프 칠 줄 몰라.

  - No sé hablar español. 나는 스페인어 할 줄 몰라.

  - No sé bailar la samba. 나는 삼바를 못 춰.

saber + 동사원형 ~할 줄 안다(조동사처럼 사용)

saber(알다)와 poder(할 수 있다) 비교

saber동사는 숙달된 것에 대한 표현 혹은 지식적으로 배워서 아는 것을 표현할 때 사용하며 poder 동사는 가능성에 대한 능력을 나타낼 때 사용합니다.

saber ~을 할 줄 안다

- ¿Sabes español? 스페인어 할 줄 아니?
- Yo sé tocar el violín. 나는 바이올린을 연주할 줄 알아.
- ¿Sabes cocinar la comida coreana? 너는 한국음식 요리할 줄 아니?
- Yo sé. / (Yo) no sé. 나는 알아. / 나는 몰라.

poder ~할 수 있다

- ¿Puedes hablar español? 스페인어 할 수 있나요?
- Puedo hablar un poco de español. 저는 스페인어를 조금 할 수 있어요.

35

¿Sabes dónde está Antonio?
안또니오가 어디에 있는지 알아?

¿Saber + 의문사 + 동사? 의문사를 사용해서 정보를 구하는 표현

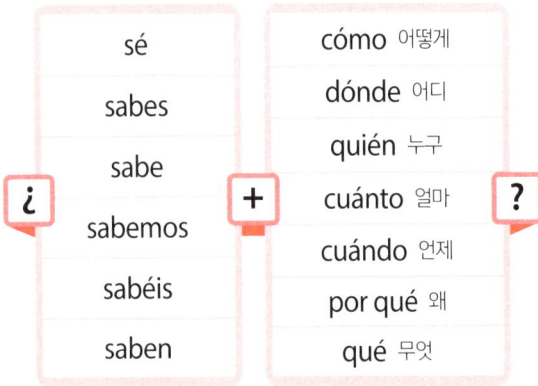

¿Sabes cómo está Antonio? 안또니오가 어떻게 지내는지 알아?

¿Sabes dónde está Antonio? 안또니오가 어디에 있는지 알아?

¿Sabes quién es Antonio? 안또니오가 누구인지 알아?

¿Sabes cuántos años tiene Antonio? 안또니오가 몇 살인지 알아?

¿Sabes cuándo viene Antonio? 안또니오가 언제 오는지 알아?

¿Sabes por qué no está Antonio? 안또니오가 왜 없는지 알아?

¿Sabes qué le pasa a Antonio? 안또니오에게 무슨 일이 있는지 알아?

존칭을 사용할 때는 sabes 대신 usted sabe로 표현합니다.

- ¿Usted sabe dónde está la parada del autobús?
  버스 정류장이 어디에 있는지 아시나요?

- ¿Usted sabe qué es esto? 이것이 무엇인지 아시나요?

- ¿Usted sabe quién es Juan? 후안이 누구인지 아시나요?

Venir 오다

(yo)	ven**go**
(tú)	v**ie**nes
(él, ella, usted)	v**ie**ne
(nosotr@s)	venimos
(vosotr@s)	venís
(ell@s, ustedes)	v**ie**nen

간접목적대명사 + pasar + a ~에게 사건이 일어나다

pasa는 '사건이 일어나다'라는 뜻의 pasar 동사가 쓰인 역구조문장입니다. 항상 "사건"이 주어이므로 3인칭 형태인 pasa로만 사용되며 간접목적대명사도 동반됩니다.

- ¿Qué te pasa Juan? 후안, 너 무슨 일이니?

- ¿Qué pasa? 웬일이니? 무슨 일이야?

모든 의문사에는 아쎈또가 찍힙니다.

36

Estoy de vacaciones.
나 휴가 중이야.

Estar de + 행동명사 estar 동사의 현재형을 활용한 진행형 표현

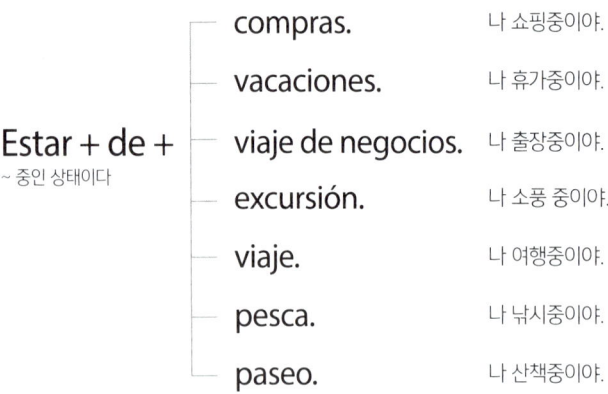

Estar + de +
~ 중인 상태이다

- compras. — 나 쇼핑중이야.
- vacaciones. — 나 휴가중이야.
- viaje de negocios. — 나 출장중이야.
- excursión. — 나 소풍 중이야.
- viaje. — 나 여행중이야.
- pesca. — 나 낚시중이야.
- paseo. — 나 산책중이야.

Yo estoy de vacaciones con mis amigos. 나는 친구들과 휴가 중이야.

Quiero ir de compras. 나 쇼핑하러 가고 싶어.

Mañana voy de viaje para España. 나는 내일 스페인으로 여행 가.

Mi novio está de pesca con sus amigos (compañeros).
내 남자친구는 회사 동료들과 낚시 중이야.

Mi esposo está de viaje de negocios. 내 남편은 출장 중이야.

estar + de + 행동명사 ~하는 중이야

- Estoy de vacaciones. 나 휴가중이야.

ir + de + 행동명사 ~하러 가

- Voy de compras. 나 쇼핑 가.
- Voy de vacaciones. 나 휴가 가.
- Voy de viaje de negocios. 나 출장 가.

* 행동명사를 받을 때는 전치사 de를 사용합니다.

Mañana voy de viaje para España. 나는 내일 스페인으로 여행 가.

* 목적지를 나타낼 때는 전치사 para를 사용합니다.
* '내일'이라는 표현에 현재형 동사를 사용하면 미래의 의미를 나타낼 수 있습니다.

el viaje 여행
el / la espos@ 배우자
el paseo 산책
la pesca 낚시
la excursión 소풍
el / la compañer@ 동료

37

¿Qué prefieres tomar?
어떤 걸 마실래?

Preferir 더 선호하다

(yo)	pref**ie**ro
(tú)	pref**ie**res
(él, ella, usted)	pref**ie**re
(nosotr@s)	preferimos
(vosotr@s)	preferís
(ell@s, ustedes)	pref**ie**ren

¿Qué / Cuál prefieres? 무엇을 / 어떤 걸 원해?

- Yo prefiero el café al té. 나는 차보다 커피가 더 좋아.

- Yo prefiero la familia al trabajo. 나는 일보다는 가족이 우선이야.

- Yo prefiero estudiar a trabajar. 나는 일 할 바엔 차라리 공부를 하겠어.

- Yo prefiero dormir en casa a ir al cine.
  나는 영화관에 갈 바 에야 집에서 잠을 자겠어.

- Prefiero vivir sin pareja a ser novia de él.
  걔랑 사귈 바 에야 남자친구 없이 살겠어.

preferir + 더 선호하는 것 + a + 덜 선호하는 것
             └ (명사/동사) ┘   └ (명사/동사) ┘

preferir 동사는 한정적인 것들 중에 더 선호한다는 뜻을 가지고 있으며
preferir 동사 뒤에 오는 것이 조금 더 선호하는 것입니다.

Yo prefiero el café. 나는 커피가 더 좋아.

더 선호하는 것만 언급해서 간단히 사용하는 것도 괜찮습니다.

1. 마시는 차(té)는 대명사(te)와 구분하기 위해 아쎈또를 찍습니다.
2. 아메리카노는 café negro가 아닌 café solo라는 표현을 사용합니다.

el café 커피   el cine 영화관   el té 차

38

Este fin de semana voy a visitar a mis padres.

이번 주말에 나의 부모님을 찾아 뵐 거야.

Visitar 방문하다

(yo)	**visito**
(tú)	**visitas**
(él, ella, usted)	**visita**
(nosotr@s)	**visitamos**
(vosotr@s)	**visitáis**
(ell@s, ustedes)	**visitan**

Este fin de semana voy a visitar a mis padres.
이번 주말에 나는 부모님을 방문할 거야.

Este domingo voy a visitar a mi amigo Juan.
이번 주 일요일에 나의 친구 후안을 방문할 거야.

Este junio voy a visitar España.
이번 6월에 스페인을 방문할 거야.

Esta semana voy a visitar el Museo Nacional.
이번 주에 나는 국립 박물관을 방문할 거야.

visitar 동사는 목적어에 따라서 전치사를 사용합니다.

(사람)을 방문하다 : visitar + a + 사람

- Visitar a un amigo. 친구를 방문하다.
- Visitar a José. 호세를 방문하다.

(지역)을 방문하다 : visitar + 지역이름

- Visitar Chile. 칠레를 방문하다.
- Visitar el parque de los niños. 어린이 공원을 방문하다.

este / a 이번 Museo Nacional 국립 박물관 el fin 끝
los padres 부모님

39
Mañana llueve mucho.
내일은 비가 많이 온대.

Hoy(Mañana) llueve mucho. 오늘(내일) 비가 많이 내려. (내릴 거야.)

En verano llueve a menudo(todos los días).
여름에는 자주(매일) 비가 와.

En verano llueve a veces. 여름에는 비가 가끔 와.

Estos días llueve mucho. 요즘 비가 많이 와.

Hoy(Mañana) nieva mucho. 오늘(내일) 눈이 많이 와. (올 거야.)

En invierno nieva mucho en Corea. 한국에는 겨울에 눈이 많이 와.

Estos días nieva mucho. 요즘 눈이 많이 와.

llover 비가 오다 / **nevar** 눈이 오다

동사는 반드시 3인칭 단수인 **llueve / nieva** 로 표현합니다.

* hacer 동사를 사용한 날씨 표현과는 다르게 '비가오다', '눈이 오다'는 단독 동사를 가지고 있기 때문에 hacer 동사를 사용하지 않습니다.
* la lluvia 비 / la nieve 눈

a menudo 자주

muchas veces로도 표현할 수 있습니다.

사계절 표현

la primavera 봄   el verano 여름   el otoño 가을   el invierno 겨울

la lluvia 비   a veces 가끔   la nieve 눈
estos días 요즘   a menudo 자주

40

Yo te quiero.

너를 좋아해.

인칭대명사	직접목적대명사	
yo	me	나를
tú	te	너를
él	lo	그것을, 그를, 행동을 (남성명사단수)
ella	la	그것을, 그녀를 (여성명사단수)
él / ella / usted	le	그를, 그녀를 (3인칭단수 사람만)
nosotr@s	nos	우리를
vosotr@s	os	너희를
ellos	los	그것들을, 그들을 (남성명사복수)
ellas	las	그것들을, 그녀들을 (여성명사복수)
ell@s / ustedes	les	그들을, 그녀들을 (3인칭복수 사람만)

1. 직접목적대명사가 사람일 때

Yo te amo. 난 널 사랑해.

Silvia me quiere. 실비아는 나를 좋아해.

La profesora nos ama mucho. 선생님은 우리를 많이 사랑하셔.

Juan me invita a su casa. 후안이 나를 그의 집으로 초대했어.

2. 직접목적대명사가 사물일 때

¿Para qué compras un libro? 책 한 권 왜 사는 거야?

Lo compro para Antonio porque mañana es su cumpleaños.

내가 안또니오를 위해 그것을 사는 건 내일이 그의 생일이기 때문이야.

3. [직접목적대명사 + 조동사 + **본동사**]가 함께 쓰일 때

Lo quiero **comprar**. = Quiero **comprar**lo. 나는 그것을 사기를 원해.

Me tienes que **invitar**. = Tienes que **invitar**me. 너는 나를 초대해야만 해.

¿Lo puedes **hacer**? = ¿Puedes **hacer**lo? 너 그것을 할 수 있겠니?

Lo quiero **saber**. = Quiero **saber**lo. 나는 그것을 알고 싶어.

직접목적대명사와 인칭대명사 비교

(주격)인칭대명사	나는, 너는, 그는
직접목적대명사	나를, 너를, 그를

Yo te quiero. 나는 네가 참 좋아. 너는 좋은 친구야.
친구나 연인 사이에 사용하는 캐주얼한 표현입니다.

Yo te amo. 나는 너를 사랑해.
연인끼리 사용할 수 있는 좋은 표현입니다.

직접목적대명사의 위치

1. 조동사와 본동사가 함께 쓰일 때는 직접목적대명사가 본동사와 한 단어처럼 붙게 됩니다.

   - Quiero **comprarlo**. 나는 그것을 사고 싶어.
   - Voy a **hacerlo** para ti. 나는 너를 위해 그것을 할 거야.
   - Tengo que **prepararlo**. 나는 그것을 준비해야만 해.
   - Voy a **hacerlo** para ti. 나는 너를 위해 그것을 할 거야.

2. 조동사가 없는 문장에서는 직접목적대명사가 본동사 바로 앞에 놓입니다.

   - Yo te lo hago. 내가 그것을 너에게 해 줄게.

41

No te amo.

너를 사랑하지 않아.

인칭대명사		직접목적대명사
yo	me	나를
tú	te	너를
él	lo	그것을, 그를, 행동을 (남성 명사 단수)
ella	la	그것을, 그녀를 (여성 명사 단수)
él / ella / usted	le	그를, 그녀를 (3인칭 단수 사람만)
nosotr@s	nos	우리를
vosotr@s	os	너희를
ellos	los	그것들을, 그들을 (남성 명사 복수)
ellas	las	그것들을, 그녀들을 (여성 명사 복수)
ell@s / ustedes	les	그들을, 그녀들을 (3인칭 복수 사람만)

직접목적대명사가 있는 부정문 만들기

1. 조동사가 없는 경우

- Yo *no* te amo. 난 널 사랑하지 않아.
- Silvia *no* me quiere. 실비아는 나를 좋아하지 않아.
- Juan *no* me invita a su casa. 후안은 나를 그의 집으로 초대하지 않아.
- *No* lo sé. 나는 그거 몰라.

2. 조동사가 있는 경우

- (Yo) *No* quiero ver**te**. 나는 너를 보고 싶지 않아.
- *No* puedo **ayudar**te. 나는 너를 도울 수 없어.

3. No + 직접목적대명사 + 조동사 + 본동사

- *No* lo quiero **comprar**. = *No* quiero **comprar**lo.
  나는 그것을 사고 싶지 않아.
- *No* lo quiero **hacer**. = *No* quiero **hacer**lo.
  나는 그것을 하고 싶지 않아.
- *No* lo puedo **entender**. = *No* puedo **entender**lo.
  나는 그것을 이해할 수 없어.

42

Yo te regalo este libro.

이 책을 너에게 선물할게.

인칭대명사	간접목적대명사	
yo	me	나에게
tú	te	너에게
él / ella / usted	le(se)	그에게, 그녀에게
nosotr@s	nos	우리에게
vosotr@s	os	너희에게
ell@s / ustedes	les(se)	그들에게, 그녀들에게

Yo te regalo este libro. 나는 너에게 이 책을 선물할게.

Alberto me pregunta en español.
알베르또가 나에게 스페인어로 질문을 한다.

no+간접목적대명사+본동사

- Juan *no* me da el número de móvil. 후안은 나에게 핸드폰 번호를 주지 않아.

* 조동사와 본동사가 같이 쓰일 경우, 간접목적대명사는 본동사 바로 뒤에 붙습니다.

- Yo te voy a regalar este libro.
  = Yo voy a regalarte este libro.
  나는 너에게 이 책을 선물할 거야.

- Alberto me quiere preguntar en español.
  = Alberto quiere preguntarme en español.
  알베르또는 나에게 스페인어로 질문하기를 원해.

- Juan *no* me puede dar el número de móvil.
  = Juan no puede darme el número del móvil.
  후안이 나에게 핸드폰 번호를 줄 수 없대.

- ¿Puedes pasarme una servilleta?
  나에게 냅킨 좀 전달해줄 수 있니?

- ¿Vas a prepararme la cena?
  나에게 저녁을 준비해줄 거야?

- Quiero regalarte un regalo de cumpleaños.
  너에게 생일선물을 선물하고 싶어.

직접목적대명사와 간접목적대명사의 구분

	의미	사용대상
직접목적대명사	나를, 너를, 그를	사람, 물건
간접목적대명사	나에게, 너에게, 그에게	사람

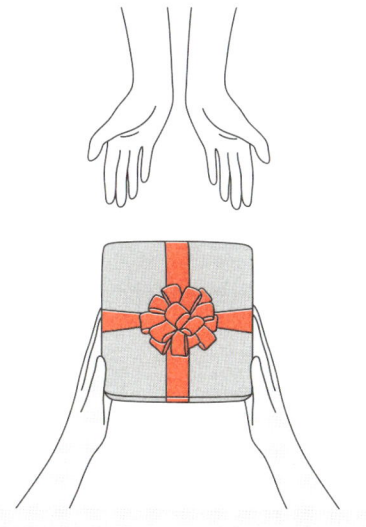

지시사 남성형 단수는 esto(X)가 아닌 este(O)입니다.

regalar 선물하다   a veces 가끔   dar 주다
estos días 요즘   preguntar 질문하다

43

Yo voy a regalártelo.

너에게 이것을 줄게.

1. 직접목적대명사와 간접목적대명사를 함께 쓸 때

Yo voy a regalarte este libro. 나는 너에게 이 책을 선물할 거야.

= Yo te lo voy a regalar.

= Yo voy a regalártelo.

Yo voy a regalarte esta flor. 나는 너에게 이 꽃을 선물할 거야.

= Yo te la voy a regalar.

= Yo voy a regalártela.

2. se는 무엇인가요?

한 문장에 직접목적대명사와 간접목적대명사가 모두 3인칭일 때, 간접목적대명사를 se로 바꾸어 줍니다.

Quiero regalar a Alberto este libro. 나는 알베르또에게 이 책을 선물하고 싶어.

= Se lo quiero regalar.

= Quiero regalárselo.

Voy a dar a Silvia esta flor. 나는 이 꽃을 실비아에게 줄거야.

= Se la voy a dar.

= Voy a dársela. (a silvia esta flor.)

간접목적대명사(~에게)와 직접목적대명사(~을, 를)

1. 간접목적대명사와 직접목적대명사가 함께 쓰일 때 언제나
   [간접목적대명사+직접목적대명사]의 순서로 표현합니다.

   Yo voy a regalártela esta flor.

   regalártela → regalár(본동사)+**te**(간접목적대명사)+**la**(직접목적대명사)

* 본동사+간접목적대명사+직접목적대명사 순서로 말합니다.
* 본동사의 맨 마지막 모음에 아쎈또를 찍어서 강세를 주어야 합니다.
* 직접목적어인 esta flor를 강조하기위해 다시 한번 쓰기도 합니다.

2. 간접목적대명사와 직접목적대명사가 모두 3인칭으로 쓰일 때,
   발음상 편의를 위해 간접목적대명사인 le를 se로 바꾸어 줍니다.
   덩달아 직접목적대명사와의 구분 더 쉬워진다는 장점이 있습니다.

   lelo(X) → selo(O)

Me gusta el verano.

나는 여름을 좋아해.

역구조 동사 – 주어가 단수일 때

인칭대명사 사용 절대 NO	간목대	동사	주어
yo	me		el mar 바다
tú	te		el verano 여름
él, ella, usted	le	gusta	el español 스페인어
nosotr@s	nos		la fruta 과일
vosotr@s	os		bailar 춤추다
ellos, ellas, ustedes	les		cantar 노래하다

간접목적대명사 + **동사 3인칭 단수** + **단수** 명사/동사원형

¿Te gusta el verano? 너는 여름을 좋아하니?

- Sí, me gusta mucho. 응, 엄청 좋아해.
- Sí, me gusta. 응, 좋아해.
- Sí, mucho. 응, 엄청.
- No, no me gusta. 아니, 난 안 좋아해.

역구조 동사 - 주어가 복수일 때

인칭대명사 사용 절대 **NO**	간목대	동사	주어
yo	me		las frutas 과일들
tú	te		los libros 책들
~~él,~~ ~~ella,~~ ~~usted~~	le		los perros 개들
~~nosotr@s~~	nos	**gustan**	las películas 영화들
~~vosotr@s~~	os		las músicas clásicas 클래식 음악들
~~ellos,~~ ~~ellas,~~ ~~ustedes~~	les		el verano y la primavera 여름 그리고 봄

간접목적대명사 + 동사 3인칭 **복수** + **복수** 명사

¿Te gustan los perros? 넌 강아지들을 좋아하니?

- Sí, me gustan mucho. 응, 엄청 좋아해.

- Sí, me gustan. 응, 좋아해.

- Sí, mucho. 응, 엄청.

- No, no me gustan. 아니, 난 안 좋아해.

gustar 동사

'(명사/동사)가 ~에게 즐거움을 주다'라는 뜻의 역구조동사이며

[목적어+gustar+주어]의 순서로 사용됩니다.

- Me gusta el mar. 나에게 즐거움을 준다 바다가 (= 나는 바다를 좋아해.)
- Me gustas tú. 너는 나에게 즐거움을 준다 (= 나는 너를 좋아해.)

* gustar 동사를 사용할 때는 반드시 인칭대명사가 아닌 간접목적대명사를 사용해야 합니다.
동사원형 2개가 주어로 사용될 때는 3인칭 단수 gusta를 사용하여 표현합니다.

- Me gusta bailar y cantar. 나는 춤추고 노래하는 걸 좋아해.
- Nos gusta mucho pasear y correr. 우리는 산책과 조깅을 매우 좋아해.
- Me gusta mucho tomar café y escuchar (la) música.
  나는 커피 마시는 것과 음악 감상을 좋아해.

역구조 동사 모음

1. agradar 좋아하다	agrada / agradan
2. importar 중요하다, 문제가 되다	importa / importan
3. parecer ~한 것 같다, ~처럼 보이다	parece / parecen
4. doler 아픔을 주다	duele / duelen
5. encantar 무척 즐거움을 주다	encanta / encantan
6. interesar 관심을 끌다	interesa / interesan
7. aburrir 따분해 하다	aburre / aburren
8. faltar 부족하다	falta / faltan
9. molestar 짜증나게 하다	molesta / molestan
10. caer + bien/mal (옷 등이) 잘 맞다, 맞지 않다, 적합하다	cae / caen

45

Me duele la cabeza.

나 머리가 아파.

Doler   아픔을 주다

Me duele la cabeza.   나 머리가 아파.

Me duele el estómago.   나 배가 아파.

Me duelen los ojos.   나 눈이 아파.

Me duelen los dientes.   나 치아가 아파.

Me duele todo.   나 전부 (온 몸이) 아파.

Encantar = gustar mucho   무척 즐거움을 주다

Me encanta el perro. = Me gusta mucho el perro.
나는 강아지를 무척 좋아해.

Me encantan los perros. = Me gustan mucho los perros.
나는 강아지들을 무척 좋아해.

Me encanta vivir en Corea. = Me gusta mucho vivir en Corea.
나는 한국에서 사는거 무척 좋아해.

Doler 아픔을 주다

(yo)	**duelo**
(tú)	**dueles**
(él, ella, usted)	**duele**
(nosotr@s)	**dolemos**
(vosotr@s)	**doléis**
(ell@s, ustedes)	**duelen**

* '아프다'라는 표현은 doler 동사를 사용하여 표현합니다.

- Me **duele** la cabeza. 나에게 아픔을 준다 머리가 = 머리가 아프다.

- ¿Te **duele** la cabeza? 머리가 너에게 아픔을 주니? = 너 머리 아프니?

Encantar 무척 좋아하다

* gustar mucho와 같은 뜻으로 이미 '무척' 좋아하다 라는 의미를 가지고 있기 때문에 mucho를 함께 사용할 수 없는 동사입니다.

* <첫 인사 표현>에서 배운 encantar 동사와 gustar 동사, 기억 하시나요?

- Mucho gusto. 정말 반갑습니다. = Encantad@.

간접목적대명사에 해당하는 전치격 인칭대명사를 함께 써서 "'나는' 좋아해"라고 강조를 할 수 있습니다.

- **A mí, A ti** 나는, 너는 (나에게는, 너에게는)

- **A mí, me encantan los perros.**
  나는 개들을 무척 좋아해. (나에게 개들이 무척 즐거움을 준다.)

중복형 사용법

| ① 간접목적대명사에 해당하는 전치격 인칭대명사 | + ② 간접목적대명사 | + ③ 동사 | + ④ 주어 |

①	②	③	④
A mí,	me	gustan	las frutas — 과일
			los libros — 책
			los perros — 강아지
			las películas — 영화
			las músicas clásicas — 클래식 음악
			el verano y la primavera — 여름과 봄

doler 아픔을 주다　　la cabeza 머리　　el estómago 배, 위
el ojo 눈　　　　　　el diente 치아　　todo 모든 것

46

Mi madre
나의 어머니

¿Cómo es tu madre?

Mi madre es baja, un poco gordita. Ella tiene el pelo castaño oscuro y los ojos marrones. Y también tiene la piel muy morena. Ella es muy inteligente y cariñosa. Bueno... a veces es un poco impaciente pero ella es muy buena persona.

너의 어머니는 어떤 분이야?
우리 엄마는 키가 작고 조금 통통해. 그녀는 어두운 밤색의 머리카락과 밤색의 눈을 가지고 계시지.
게다가 그녀는 까무잡잡한 피부를 가지고 있어. 그녀는 매우 똑똑하고 사랑스러워.
음... 이따금 그녀는 욱하지만 그녀는 매우 좋은 분이야.

-it@ 축소형 어미로 의미를 작게 만들어 줍니다.

gord@(뚱뚱한) + **-it@** = **gordit@** 통통한

señora(여사) + **-ita** = **señorita** 아가씨

el pelo는 머리카락 뿐만 아니라 모피와 같은 털 종류를 나타낼 때에도 사용합니다.

bueno는 '좋은'이라는 뜻 이외에 문장 중간에서 '음 그러니까...'와 같은 뜻으로도 사용합니다.

muy buena persona 주어가 남성이든 여성이든 la persona 자체가 여성 명사이기 때문에 꾸며주는 형용사는 여성형이 됩니다.

1. 신체에는 모두 관사를 붙입니다.
2. castaño와 morena는 동일하게 '갈색의, 밤색의'라는 뜻을 가진 단어이지만 사용할 수 있는 대상이 아래와 같이 다릅니다.
   castaño 머리, 눈 / marrón 눈 / morena 피부

baj@ 키가 작은　　marrón 밤색의　　gord@ 뚱뚱한
la piel 피부　　　 el pelo 머리카락　　moren@ 까무잡잡한
castañ@ 밤색의　　cariños@ 사랑스러운　amoros@ 자애로운, 사랑스러운
oscur@ 어두운　　 el ojo 눈　　　　　paciente 참을성/인내심 있는
impaciente 욱하는, 참지 못하는

47

Mi padre

나의 아버지

¿Cómo es tu padre?

Mi padre es bajo, un poco gordito y tiene la piel muy morena.

Porque le gusta hacer ejercicio.

Es muy inteligente y le gusta aprender.

Dedica su tiempo libre a estudiar, por eso es muy inteligente.

También le gusta hacer ejercicio, por eso muchas veces sale con sus amigos a hacer senderismo.

Es un poco impaciente y algo soberbio, pero también es muy buena persona y muy generoso.

너의 아버지는 어떤 분이셔?

우리 아빠는 키가 작으시고 약간 통통하며 운동을 좋아하셔서 피부가 까무잡잡해.

매우 똑똑하시고 배우는 걸 좋아하셔. 자유시간을 공부하는데 할애하시기 때문에 매우 똑똑하셔. 게다가 운동하는 것도 좋아하셔. 그래서 자주 친구들과 하이킹 하러 나가시지. 약간 욱하기도 하시고 좀 거만하시기도 하지만, 역시 매우 좋은 분이고 너그러운 분이야.

Mi padre es bajo, un poco gordito.
주어인 padre가 남성 명사이기 때문에 bajo, gordito 등 모두 남성 형용사를 사용합니다.

Tiene la piel muy morena.
la piel이 여성 명사이므로 morena 여성 형용사를 사용합니다.

* **Muy buena persona.** persona가 여성명사이므로, 주어에 상관없이 persona를 수식하는 형용사는 여성형으로 써야합니다.

le gusta hacer ejercicio.
아빠에게 즐거움을 준다 운동하는 것이 = 아빠는 운동을 좋아하신다.

* **hacer ejercicio** 운동하다

Dedicar su tiempo libre a + 명사/동사원형
취미생활로 ~에 시간을 할애하다. 남는 시간을 ~에 투자하다.

- Dedica su tiempo libre al golf.   그는 남는 시간을 골프에 할애한다.

algo 형용사 앞에 쓰이며 '약간, 좀' 이라는 뜻입니다.

ser ~이다	tener 가지다	gustar 좋아하다
hacer 하다, 만들다	dedicar 할애하다	estudiar 공부하다
salir 나가다	aprender 배우다	el padre 아빠
la piel 피부	el ejercicio 운동	el tiempo 시간
la persona 사람	gordit@ 뚱뚱한	moren@ 갈색의
inteligente 똑똑한	libre 자유의, 남는, 비어있는	impaciente 참을성이 없는, 욱하는
soberbi@ 거만한	generos@ 마음이 넓은, 너그러운	

48

¿Qué estás haciendo?

지금 뭐 하고 있니?

현재진행형 만들기

1. 동사원형을 현재분사형으로 만들기

-ar 동사 : -ando

동사원형 →	현재분사형
estudiar 공부하다	estudiando 공부하면서
pensar 생각하다	pensando 생각하면서
hablar 말하다	hablando 말하면서
cantar 노래하다	cantando 노래하면서

-er/-ir 동사 : -iendo

동사원형 →	현재분사형
aprender 배우다	aprendiendo 배우면서
comer 먹다	comiendo 먹으면서
hacer 하다, 만들다	haciendo 하면서, 만들면서
vivir 살다	viviendo 살면서
escribir 쓰다	escribiendo 쓰면서

2. estar 동사의 도움을 받아 현재진행형 만들기

인칭대명사	estar원형		현재분사형
(yo)	estoy		**estudi**ando
(tú)	estás		**pens**ando
(él, ella, usted)	está	+	**aprend**iendo
(nosotr@s)	estamos		**com**iendo
(vosotr@s)	estáis		**viv**iendo
(ell@s, ustedes)	están		**escrib**iendo

Qué estás haciendo?   지금 뭐 하고 있니?

- Estoy estudiando español.   나는 스페인어를 공부하는 중이야.

- Estoy pensando en ti.   나는 너를 생각하는 중이야.

- Estoy aprendiendo a conducir.   나는 운전을 배우는 중이야.

- Estoy comiendo con Sofía.   나는 소피아와 식사 중이야.

- Estoy viviendo 5 años en Corea.   나는 한국에서 5년째 사는 중이야.

aprendiendo a + 동사원형 ~을 배우고 있다

aprender 동사는 전치사 a를 이용하여 조동사의 역할을 할 수 있습니다.

- Estoy aprendiendo a cocinar. 나는 요리를 배우는 중이야.

Yo estudio español. 나는 스페인어를 공부해. / 나는 스페인어를 공부하는 중이야.

직설법 현재형도 현재진행의 의미를 표현할 수 있습니다.

aprender 배우다   pensar 생각하다   comer 먹다
vivir 살다   escribir 쓰다   conducir 운전하다

49 Yo estudio escuchando (la) música.

나는 음악을 들으면서 공부해.

Siempre estudio escuchando (la) música. 나는 음악을 들으면서 공부해.

Estoy comiendo pensando en ti. 너를 생각하면서 식사를 하고 있어.

Toco la guitarra pensando en mi novi@.
내 남자(여자)친구를 생각하면서 나는 기타를 연주해.

Vivo en España estudiando todos los días.
나는 스페인에서 매일 공부하면서 살고 있어.

Antonio está bajando las escaleras tomando helado.
안또니오가 아이스크림을 먹으면서 계단을 내려오는 중이야.

Quiero cenar contigo charlando de mi vida.
나의 인생에 대해 이야기를 하면서 너와 저녁 식사를 하고 싶어.

Mi amigo Carlos sigue estudiando para la prueba.
내 친구 까를로스는 시험을 위해 계속 공부를 하고 있어.

Estos días sigue lloviendo. 요즘은 계속 비가 와.

두 가지 행동을 한 문장에서 함께 표현하고 싶을 때, [동사 현재형+동사 현재진행형]으로 사용할 수 있으며 '~하면서 ~한다'라고 해석합니다.

동사원형	현재분사형
escuchar 듣다	escuchando
pensar 생각하다	pensando
estudiar 공부하다	estudiando
bajar 내려오다, 내려가다	bajando
tomar 마시다, 손으로잡다	tomando
charlar 수다떨다	charlando

seguir 동사의 현재형을 현재분사형과 함께 사용하면 '지금까지 계속 쭉 해오고 있다'는 의미가 됩니다.

인칭대명사	seguir 현재형		현재분사형
(yo)	sigo		escuchando
(tú)	sigues		pensando
(él, ella, usted)	sigue	+	estudiando
(nosotr@s)	seguimos		bajando
(vosotr@s)	seguís		tomando
(ell@s, ustedes)	siguen		charlando

- Mi amigo Carlos sigue cantando. 내 친구 까를로스는 계속 노래를 부르고 있어.
- Mi amigo sigue bailando. 내 친구는 계속 춤을 추고 있어.

escuchar 듣다
bajar 내려오다
querer 원하다
la prueba 시험

tocar 연주하다
la escalera 계단
cenar 저녁밥을 먹다
tomar 마시다

la guitarra 기타
el helado 아이스크림
seguir 따라가다, 계속 ~하다

50 Me levanto a las 6 de la mañana.

나는 아침 6시에 일어나.

levantar 일으키다		levantarse 일어나다	
levanto	me	levanto	나는 (스스로) 일어난다
levantas	te	levantas	너는 (스스로) 일어난다
levanta	se	levanta	그, 그녀, 당신은 (스스로) 일어난다
levantamos	nos	levantamos	우리는 (스스로) 일어난다
levantáis	os	levantáis	너희들은 (스스로) 일어난다
levantan	se	levantan	그들, 그녀들, 당신들은 (스스로) 일어난다

¿A qué hora te levantas? / ¿A qué hora se levanta?

몇 시에 일어나? / 몇 시에 일어나세요?

- Me levanto muy temprano. 나는 매우 일찍 일어나.
- Me levanto muy tarde. 나는 매우 늦게 일어나.
- Me levanto a las 6 de la mañana. 나는 아침 6시에 일어나.
- No me levanto muy tarde. 나는 엄청 늦게 일어나지는 않아.

Me levanto 스페인어로 쓸 때는 **me**와 **levanto**를 띄어서 쓰지만, 읽을 때는 붙여서 **melevanto** [멜레반또] 연음으로 읽어줍니다.

인칭대명사를 함께 쓸 경우, 재귀대명사 앞에 인칭 대명사를 씁니다.

* 인칭대명사를 쓰고 안 쓰고는 화법의 차이만 있을 뿐 모두 맞는 표현입니다.

- Me levanto muy tarde. → Yo me levanto muy tarde.
- No me levanto muy tarde. → Yo no me levanto muy tarde.

재귀동사 llamarse

llamar ~를 부르다, 전화하다	llamo	llamarse ~라고 불리다	me llamo
	llamas		te llamas
	llama		se llama

– Me llamo Silvia. 저는 실비아라고 불립니다. (=저는 실비아입니다.)

재귀대명사의 의미

주어에게(스스로에게) 행위가 돌아온다는 뜻으로 스페인어에서 재귀동사는 타동사를 자동사로 만들 때 쓰이거나, 강조를 할 때 사용합니다.

temprano 이른, 일찍   **tarde** 늦은, 늦게

51

Los domingos no me lavo la cara.

일요일에(일요일마다) 나는 세수를 안 해.

재귀동사

일반동사의 경우 인칭대명사를 사용하지 않아도 문법상 큰 문제가 없지만 재귀동사의 경우는 타동사의 의미를 갖는 동사가 많기 때문에 재귀대명사(me,te,se...)를 꼭 동반해서 사용해야 합니다.

여러 가지 재귀동사

Lavarse 씻는다

me lavo	
te lavas	Me lavo la cara. 나는 얼굴을 씻는다.
se lava	Me lavo las manos. 나는 손을 닦는다.
nos lavamos	Me lavo el cabello. 나는 머리를 감는다.
os laváis	
se lavan	

Bañarse 목욕하다

me baño te bañas se baña nos bañamos os bañáis se bañan	Me baño por la mañana. 나는 오전에 목욕을 해. Me baño por la noche. 나는 저녁에 목욕을 해. No me baño todos los días. 나는 매일 목욕하진 않아.

Ducharse 샤워를 하다

me ducho te duchas se ducha nos duchamos os ducháis se duchan	Me ducho por la mañana. 나는 오전에 샤워를 해. Me ducho por la noche. 나는 저녁에 샤워를 해. No me ducho todos los días. 나는 매일 샤워하진 않아.

Limpiarse 내 몸을 깨끗하게 하다

me limpio te limpias se limpia nos limpiamos os limpiáis se limpian	Me limpio los dientes. 나는 이를 닦는다. Me limpio la boca. 나는 입을 닦는다. Me limpio el moco. 나는 콧물을 닦는다.

Me lavo la cara. 나는 얼굴을 씻는다.

* lavar 동사 앞에 쓰인 재귀대명사는 '내가 스스로', '나의 것'이라는 의미를 갖고 있으므로 소유사 'mi'를 붙여 me lavo mi cara 라고 쓸 수 없습니다. 재귀동사에는 이미 그 행위가 본인에게 돌아온다는 의미가 있기 때문에 소유사가 포함되어 있다고 생각하면 쉽습니다.

* 내 신체가 아닌 다른 것을 물로 닦을 때는 소유사 사용이 가능합니다.

- **Yo lavo el coche.** 나는 세차를 한다.
- **Yo lavo mi coche.** 나는 내 차를 세차한다.

신체부위 중 쌍을 이루는 부위는 복수형으로 사용합니다.
la mano-las manos 손
la oreja-las orejas 귀
el diente-los dientes 치아
la nariz-las narices 코

lavar 물로 씻다
la lavadora 세탁기
el baño 화장실
limpiar 청소하다, 제거하다
el moco 콧물

la cara 얼굴
el lavavajillas 식기세척기
bañar 담그다, 적시다
el diente 치아
la oreja 귀

la mano 손
el cabello 머리카락
duchar 샤워시키다
la boca 입
la nariz 코

52 ¡Tienes que lavarte las manos antes de comer!

식사 전에는 손을 닦아야 해!

여러가지 조동사와 함께 쓰이는 재귀동사

Lavarse 씻다

– Tengo que lavarme la cara. 나는 세수해야 해.

– Tienes que lavarte la cara. 너는 세수해야 해.

– Me gusta lavarme las manos antes de comer.
나는 식사 전에 손 닦는 걸 좋아해.

Bañarse 목욕하다

– Quiero bañarme todos los días. 나는 매일매일 목욕하고 싶어.

– ¿Quieres bañarte antes de comer? 너 식사 전에 목욕하고 싶니?

– Me gusta bañarme con agua caliente. 나는 따뜻한 물로 목욕하는 걸 좋아해.

Ducharse 샤워를 하다

– No puedo ducharme por la mañana. 나는 아침에는 샤워할 수 없어.

– ¿No puedes ducharte todos los días? 너 매일 샤워할 수 없니?

– ¿Te gusta ducharte todos los días? 너 매일매일 샤워하는 것 좋아하니?

Limpiarse 닦다

- No quiero limpiarme los dientes. 나는 이를 닦고 싶지 않아.
- ¿Quieres limpiarte los dientes antes de dormir?
  너 잠자기 전에 이를 닦고 싶니?
- Me gusta limpiarme los dientes después de comer.
  나는 식사 후에 이를 닦는 것을 좋아해.

Levantarse 일어나다

- ¿Quieres levantarte temprano? 너 일찍 일어나고 싶니?
- No quiero levantarme muy temprano. 나 아침 일찍 일어나는 건 싫어.
- No me gusta levantarme muy temprano.
  난 아침 일찍 일어나는 걸 좋아하지 않아.

Ponerse 놓다, 옷을 입다

- Voy a ponerme un vestido blanco. 나는 하얀색 원피스를 입을 거야.
- ¿Vas a ponerte minifalda? 너 미니스커트 입을 거야?
- Me gusta ponerme camisa blanca. 나는 하얀색 셔츠를 입는 걸 좋아해.

조동사와 함께 재귀동사를 사용할 경우

재귀동사는 원형을, 재귀대명사는 조동사의 인칭에 맞추어 씁니다.

¡Tienes que lavarte las manos antes de comer! →
2인칭 조동사 + 재귀동사원형 + 2인칭 재귀대명사

Tengo que lavarme la cara. →
1인칭 조동사 + 재귀동사원형 + 1인칭 재귀대명사

gustar와 같은 역구조 동사의 문장에서 재귀동사를 사용할 경우

간접목적대명사의 인칭에 해당하는 재귀대명사를 사용합니다.

Me gusta lavarme las manos antes de comer. →
간접목적 대명사 + gustar 동사 3인칭단수 + 재귀동사원형 + 재귀대명사

poner 동사 활용

poner 놓다, 입히다	pongo	ponerse 옷을 입다	me	pongo
	pones		te	pones
	pone		se	pone
	ponemos		nos	ponemos
	ponéis		os	ponéis
	ponen		se	ponen

me gusta 나는 ~을 좋아한다	caliente 따뜻한	después de ~을 한 후에
antes de ~하기 전에	tempran@ 이른	ponerse 놓다, 옷을 입다
el vestido 원피스	la ropa 옷	la falda 치마
minifalda 미니스커트	la camisa 셔츠	blanc@ 하얀

¿Cómo es tu horario?

너의 하루 일과는 어때?

Generalmente me levanto muy temprano a eso de las 6 de la mañana. Cuando me levanto, primero me lavo la cara y me limpio los dientes. Siempre salgo de casa a las 7 y llego a la oficina a las 8:40 de la mañana. Empiezo a trabajar a las 9 tomando un café con mis compañeros. Mi trabajo termina (mis trabajos terminan / termino de trabajar) a las 6, pero depende del trabajo, a veces termina(terminan) muy tarde. Después de terminar me gusta tener un poco de tiempo con mis amigos tomando y charlando. Normalmente regreso a casa a las 10 de la noche. Cuando regreso a casa, primero me ducho y antes de dormir reviso mis correos electrónicos.

Y ¿tú? ¿Cómo es tu horario? ¿A qué hora te levantas? ¿A qué hora llegas a tu oficina?

나는 보통 매우 일찍 오전 6시쯤 일어나. 나는 일어나면, 우선 세수를 하고 이를 닦아. 나는 항상 7시에 집에서 나와서 오전 8시 40분에 사무실에 도착해. 나는 동료들과 커피를 한잔하면서 9시에 일을 시작해. 나의 일은 6시에 끝나. 근데 업무의 양에 따라서 가끔 매우 늦게 끝나. 나는 업무가 끝난 후 나의 친구들과 함께 이야기를 하며 마시는 것을 좋아해. 나는 보통 10시에 집으로 돌아와. 나는 집에 돌아오면 우선 샤워를 하고, 잠들기 전에 나의 이메일을 훑어봐.

그럼 너는? 네 하루 일과는 어때? 몇 시에 일어나니? 사무실에는 몇 시에 도착하니?

me levanto 스스로+일으키다=일어나다

a eso de las 6 de la mañana 6시쯤에
* a eso de la / las + 숫자 : 대략 ~시쯤에

salir 동사는 1인칭 단수가 –go로 끝나는 동사이고, 전치사 de와 함께 사용하면 '~로부터 나가다'라는 뜻입니다.

mis trabajos terminan.
'나의 일들'이 복수이기 때문에 terminar 동사의 3인칭 복수인 terminan으로 사용합니다.
* 단수일 경우는 mi trabajo termina로 사용합니다.

depende de ~에 따라서
[depender 동사의 3인칭 단수+전치사 de+명사] 로 사용합니다.

después de 뒤에 동사원형을 사용할 수 있으며, '~을 한 후에'라는 의미입니다.

regresar 귀가하다
유의어 : volver 되돌아가다, ir 가다

antes de ~하기 전에 (↔después de ~한 후에)

el horario 시간표, 계획   generalmente 보통은, 대개는   primer@ 우선, 먼저, 제일
salir 나가다   llegar a ~에 도착하다   siempre 항상, 언제나
empezar 시작하다   depender de ~에 좌우되다   revisar 주의깊게 보다, 훑어보다

54

¿Te vas?
너 가니?

강조의 재귀동사

Irse 가버리다, 자리를 떠나다

me voy	
te vas	¿Ya te vas? 너 벌써 가니?
se va	¿A qué hora se van ustedes?
nos vamos	여러분들은 몇 시에 가시나요?
os vais	Ya me voy. 나 이제 갈게.
se van	

Morirse 죽어버리다

me muero	
te mueres	
se muere	Me muero de hambre. 나 배고파 죽겠어.
nos morimos	Me muero de calor. 나 더워 죽겠어.
os morís	Me muero de vergüenza. 나 부끄러워 죽겠어.
se mueren	

의미가 변하는 재귀동사

Volverse ~하게 되어버리다

me vuelvo te vuelves se vuelve nos volvemos os volvéis se vuelven	Juan se vuelve loco por mucho trabajo. 후안은 지금 일이 많아서 미쳐버릴 지경이야.

Decirse ~라고 말하다

me digo te dices se dice nos decimos os decís se dicen	¿Cómo se dice amor en coreano? 한국어로 amor를 어떻게 말해? 　- En coreano se dice "Sarang". 　한국어로는 "사랑"이라고 말해.

Encontrarse en ~에서 만나다
Encontrarse con ~와 만나다
Encontrarse+형용사 / 부사 ~한 상태이다

me encuentro te encuentras se encuentra nos encontramos os encontráis se encuentran	Hoy nos encontramos en Gangnam. 우리 오늘 강남에서 만나자. Hoy me encuentro con mis amigos. 나는 오늘 친구들을 만난다. ¿Te encuentras mal? 너 컨디션이 안 좋니?

Irse

주어가 그 자리를 떠날 때 사용하며, 가는 장소가 없이 "너 가니?", "들어가세요"의 의미로 사용됩니다.

Morirse

강조격으로 많이 사용하며 "나 배고파 죽겠어", "나 졸려 죽겠어" 등의 의미로 사용됩니다.

- Me muero de sed.   나 목말라 죽겠어.
- Me muero de calor.   나 더워 죽겠어.
- Me muero de frío.   나 추워 죽겠어.

Volverse

강조격으로 많이 사용되며 **volverse loc@ por**는 "~해 미치겠다"라는 표현입니다.

- Silvia se vuelve loca por mucho trabajo.
  실비아는 지금 일이 많아서 미쳐버릴 지경이야.
- Me vuelvo loc@ por mucho trabajo.   일이 많아 미쳐버릴 지경이야.

morir 죽다　　　　　　　volver 돌아오다　　　　　　loc@ 미친
decir 이야기하다, 말하다

¿Se puede entrar?

들어가도 될까요?

무인칭의 se

불특정 주어 (사람들은, 누구나 ...)를 나타내며, 항상 3인칭 단수를 사용합니다.

Venderse 팔다	
se vende	¿Aquí se vende pan? 여기 빵 파나요?

Poderse 가능하다	
se puede	¿Se puede entrar? 들어가도 되나요?

Decirse ~라고 한다	
se dice	¿Cómo se dice esto? 사람들은 이것을 뭐라고 말하나요?

상호의 se

'서로 ~하다'라는 의미이며 **nos, os, se**의 복수형을 사용합니다.

Amarse 서로 사랑하다

me amo
te amas
se ama
nos amamos
os amáis
se aman

Juan y Sofía se aman mucho.
후안과 소피아는 서로 무척 사랑해.

Escribirse 서로 편지를 쓰다

me escribo
te escribes
se escribe
nos escribimos
os escribís
se escriben

Ellos se escriben mucho.
그들은 서로 편지를 많이 주고받아.

Casarse 결혼하다

me caso
te casas
se casa
nos casamos
os casáis
se casan

Juan y María se casan el próximo lunes.
후안과 마리아는 다음주 월요일에 결혼해.

Llamarse 서로 연락하다

me llamo te llamas se llama **nos llamamos** **os llamáis** **se llaman**	**Nos llamamos mañana por la mañana.** 우리 내일 오전 중에 연락하자. **Nos llamamos por la mañana.** 우리 오전에 연락하자.

* '~라고 불리다'라는 의미도 있지만, 복수형으로 쓸 경우에는 '서로 연락하다'라는 의미가 됩니다.

Verse 서로 보다

me veo te ves se ve **nos vemos** **os veis** **se ven**	**Nos vemos pronto** 우리 곧 보자.

escribir 쓰다　　　　　**casar** 결혼시키다　　　　　**próxim@** 가까운, 멀지 않은
llamar 부르다, 연락하다

56 강세가 도대체 어디에 있는거야?

스페인어는 기타 외국어와는 달리 특정 음절에 강세가 있으며 일정한 규칙이 있습니다. 그 규칙에 따라 발음한다면 쉽게 따라할 수 있습니다.

맨 뒤에서 두번째 모음을 강하게	맨 뒤에서 첫번째 모음을 강하게
모음과 자음 n, s로 끝날때	n, s 이외의 자음으로 끝날때
casa - guitarra - tenis	hablar - aprender - cantar

위의 규칙과 다르게 아쎈또가 찍힌 것은 아쎈또가 찍힌 부분을 강하게 발음해줍니다. 아쎈또는 하나의 문자로 글을 쓸 때도 반드시 표시 해주어야 합니다.

lápiz - pájaro - papá - mamá - número

estar 동사의 아쎈또와 강세 위치 확인!

estoy - estás - está - estamos - estáis - están

* estar 동사는 가장 기본 동사임에도 많은 학습자들이 아쎈또를 혼동하거나 빠뜨리는 경우가 많습니다. 아쎈또에 주의해서 사용합니다.

aprender 배우다
hablar 말하다
el pájaro 새
el número 수, 숫자

cantar 노래하다
la casa 집
el papá 아빠

la guitarra 기타
el lápiz 연필
la mamá 엄마

57

그럼 aeropuerto는 어딜 올려야 하지?

이중모음과 삼중모음

이중모음은 두개, 삼중모음은 3개의 모음이 합해져 하나의 모음으로 취급되는 모음을 가리킵니다.

- 이중모음
    1. 강모음 + 약모음
    2. 약모음 + 강모음
    3. 약모음 + 약모음

- 삼중모음
    약모음 + 강모음 + 약모음

강모음과 약모음

* 강모음+약모음 혹은 약모음+강모음이 결합된 경우 강세가 들어가는 부분은 언제나 강모음입니다.

강모음+약모음 (모음 하나로 취급) a<u>i</u>re

약모음+강모음 (모음 하나로 취급) gu<u>a</u>po

약모음+약모음 (모음 하나로 취급) c<u>i</u>udad

강모음+강모음 (모음 두개로 취급) f<u>eo</u>

"그럼 aeropuerto는 어딜 올려야 하지?"

aeropuerto
o로 끝났기 때문에 맨 뒤에서 두번째 모음을 올려줘야 하는데, 약모음 u와 강모음 e가 함께 있으므로 강모음인 e를 올려줍니다.

aire
e로 끝났기 때문에 맨 뒤에서 두번째 모음을 올려줘야 하는데, 강모음 a와 약모음 i가 함께 있으므로 강모음인 a를 올려줍니다.

librería / panadería
ía(약모음+강모음)는 하나의 모음으로 간주되어, 원래 맨 뒤에서 두번째 e를 올려야 하지만, 예외적으로 아쎈또가 찍힌 í를 올려줍니다.

canción
마지막 철자가 n으로 끝났기 때문에 맨 뒤에서 두번째 모음을 올려줘야 하지만, 예외적으로 아쎈또가 찍힌 ó를 올려줍니다.

farmacia
ia(약모음+강모음)는 하나의 모음으로 간주되어 맨 뒤에서 두번째 모음인 a를 올려줍니다.

estudiante
마지막 철자가 e로 끝났기 때문에 맨 뒤에서 두번째 모음을 올려야 하는데, 약모음 i와 강모음 a가 함께 있으므로 강모음 a를 올려줍니다.

el aeropuerto 공항 **el aire** 공기 **la ciudad** 도시
fe@ 못생긴 **la librería** 서점 **la panadería** 베이커리
la canción 노래, 음악 **la farmacia** 약국 **el/la estudiante** 학생

58

¿Qué te parece tomar café?

커피 한 잔 어때?

Parecer
~처럼 보이다

(yo)	**parezco**
(tú)	**pareces**
(él, ella, usted)	**parece**
(nosotr@s)	**parecemos**
(vosotr@s)	**parecéis**
(ell@s, ustedes)	**parecen**

Parecer 동사를 활용하여 의견 물어보기

1. Qué + 간접목적대명사 + parece + 동사원형

¿Qué te parece tomar café? (너) 커피 마시는 거 어때?

¿Qué te parece ir de compras? (너) 쇼핑 가는 거 어때?

¿Qué te parece comer algo en casa? (너) 집에서 뭐라도 좀 먹는 게 어때?

2. Qué + 간접목적대명사 + parece + <u>si</u> + 동사활용형

¿Qué te parece si tomamos café? 우리 커피 한 잔 마시면 어떨까?

¿Qué te parece si vamos de compras? 우리 함께 쇼핑 가는 거 어떻게 생각해?

¿Qué te parece si comemos algo en casa?
우리 집에서 뭘 좀 먹는 거 어떻게 생각해?

대답하기

좋은 생각이야 / 좋아 / 좋은 생각인 것 같아. ┤ ¡Genial!
¡Vale!
¡Me parece buena idea!

¿Qué te parece ir de compras?
compras와 같은 행동명사가 올 때는 [ir+de+행동명사]의 구조로 씁니다.

¿Qué te parece si tomamos café?
우리가 커피 마시는 거 어떻게 생각하니?

"좋은 생각이야."라는 표현의 "Me parece buena idea"는 "Buena idea"라고 짧게 말할 수도 있습니다.

la compra 쇼핑   la idea 생각

59

¿A quién te pareces?
년 누구를 닮았니?

Parecerse ~와 닮다, 비슷하다

me	parezco
te	pareces
se	parece
nos	parecemos
os	parecéis
se	parecen

parecerse + a + 사람 ~와 닮았다

- Me parezco mucho a mi mamá. 나는 엄마를 무척 많이 닮았어.
- Te pareces mucho a alguien. 너는 누군가를 많이 닮았어.
- Él se parece mucho a su hija. 그는 그녀의 딸과 무척 닮았어.
- Julia se parece mucho a su hermana.
  훌리아는 그녀의 언니(여동생)과 많이 닮았어.

parecerse + en + 성격, 신체부위, 생각 성격, 신체부위, 생각이 닮았다

- Nos parecemos en todo. 우리는 서로 모든 것이 닮았어.
- Nos parecemos mucho en los ojos. 우리는 눈이 많이 닮았어.
- Nos parecemos mucho en las ideas. 우리는 생각이 많이 닮았어.
- No nos parecemos en nada. 우리는 전혀 닮지 않았어.

Él se parece mucho a su hija.

* 인칭대명사는 재귀대명사 앞에 씁니다.
* 3인칭인 경우 사람의 이름 또는 인칭대명사를 사용하여 누구를 나타내는 것인지 정확하게 명시해줍니다.
* '누구를 닮았다'를 표현할 때, 재귀동사 parecerse를 사용합니다.

parecer ~처럼 보이다 / parecerse ~와 닮다, 비슷하다

* parecer 동사는 의견을 나타낼 때 사용하며 parecerse 재귀동사는 닮음을 나타낼 때 사용합니다.
* '사람을 닮았다'라고 할 때는 전치사 a와, '성격이나 생각이 닮았다'라고 할 때는 전치사 en을 함께 사용합니다.

재귀동사는 재귀대명사의 인칭과 동사의 인칭이 항상 동일합니다.

alguien 누군가
el/la herman@ 형제, 자매
el/la herman@ mayor 오빠, 형, 언니, 누나
el/la herman@ menor 남동생, 여동생

60

¿Qué es lo que necesitas ahora?

지금 필요한게 뭐야?

¿Qué es lo que necesitas ahora? 지금 필요한 것은 무엇이니?

- Lo que necesito ahora es descansar. 나에게 지금 필요한 것은 휴식이야.
  = Necesito descansar. 나는 휴식이 필요해.
- Lo que necesito ahora es dinero. 나에게 지금 필요한 것은 돈이야.
  = Necesito dinero. 나는 돈이 필요해.

¿Qué es lo que quieres comprar? 네가 사고 싶은 것은 무엇이니?

- Lo que quiero comprar es un coche. 내가 사고 싶은 것은 자동차야.

¿Qué es lo que quieres comer? 네가 먹고 싶은 것은 무엇이니?

- Lo que quiero comer es paella. 내가 먹고 싶은 것은 빠에야야.

¿Qué es lo más importante en su vida?
당신의 인생에서 가장 중요한 것은 무엇입니까?

- Lo más importante (en mi vida) es el amor.
  나의 인생에서 가장 중요한 것은 사랑이야.
- Lo más importante (en mi vida) es ganar dinero.
  나의 인생에서 가장 중요한 것은 돈을 버는 것이야.

lo 중성관사이며 "lo+que+동사활용형"의 형태로 '~인 것, ~한 것'의 의미로 사용됩니다.

lo más importante 가장 중요한 것

* lo más + 형용사   가장 ~한 것

Necesitar
필요로하다, ~할 필요가 있다

(yo)	necesito
(tú)	necesitas
(él, ella, usted)	necesita
(nosotr@s)	necesitamos
(vosotr@s)	necesitáis
(ell@s, ustedes)	necesitan

necesitar+명사 ~을 필요로 하다

Yo necesito descanso. 나는 휴식이 필요해.

Yo necesito mucho dinero. 나는 많은 돈이 필요해.

necestiar+동사 ~한 행동을 필요로 하다 (=~해야한다)

Yo necesito descansar. 나는 휴식이 필요해.

Yo necesito estudiar para el examen. 나는 시험을 위해 공부해야 해.

Querer 원하다

(yo)	**quiero**
(tú)	**quieres**
(él, ella, usted)	**quiere**
(nosotr@s)	**queremos**
(vosotr@s)	**queréis**
(ell@s, ustedes)	**quieren**

lo que+querer 활용형+동사원형 ~하고 싶은 것

querer가 조동사이므로 뒤에는 동사원형이 옵니다.

- lo que quiero hacer 내가 하고 싶은 것

ahora 지금
el descanso 휴식
el examen 시험

el dinero 돈
la vida 인생
el coche 자동차

descansar 휴식하다
ganar dinero 돈을 벌다

61

Verónica es más guapa que Ana.

베로니카가 아나보다 미녀야.

형용사의 우등비교

A+más+형용사+que+B　A가 B보다 더 (형용사)하다.

- Verónica es más guapa que Ana.　베로니카가 아나보다 더 예뻐.

형용사의 열등비교

A+menos+형용사+que+B　A가 B보다 덜 (형용사)하다.

- Silvia es menos gorda que Ana.　실비아가 아나보다 덜 뚱뚱해.

형용사의 동등비교

A+tan+형용사+como+B　A가 B만큼 (형용사)하다.

- Juan es tan alto como su padre.　후안은 아빠만큼 키가 커.

우등 최상급

A+ser 동사활용+정관사+más+형용사+entre/de　A가 가장 (형용사)하다

- Esta muñeca es la más cara de la tienda.　이 인형이 매장에서 가장 비싸.
- Rodrigo es el más alto de su familia.　로드리고는 가족 중에서 키가 가장 커.

명사의 우등비교

A+동사+más+명사+que+B A는 B보다 더 (명사)하다

- Juan tiene más libros que tú. 후안은 너보다 책이 더 많아.
- Laura tiene más hermanas que tú. 라우라는 너보다 자매가 더 많아.

명사의 열등비교

A+동사+menos+명사+que+B A는 B보다 덜 (명사)하다

-Laura bebe menos cerveza que tú. 라우라는 너보다 맥주를 덜 마셔.

동사의 우등/열등 비교

양) A+동사+más(우등)/menos(열등)+que+B A는 B보다 더/덜 (동사)하다.

- María trabaja más que yo. 마리아는 나보다 일을 더 해.
- María trabaja menos que yo. 마리아는 나보다 일을 덜 해.

질) A+동사+mejor(우등)/peor(열등)+que+B A는 B보다 더/덜 (동사)하다.

- Silvio habla español mejor que yo. 나보다 실비오가 스페인어를 더 잘 해.
- Silvia habla español peor que yo. 나보다 실비아가 스페인어를 못 해.

Verónica es más positiva que Ana. 베로니카가 아나보다 더 긍정적이야.

- Juan es más positivo que Ana. 후안이 아나보다 더 긍정적이야.

남성이 주어인 경우 형용사를 성에 맞춰 남성형으로 사용합니다.

Esta camisa es tan barata como esa. 이 셔츠가 저것만큼 저렴해.

지시대명사 '그것'이 가리키는 것이 여성명사인 camisa이므로 esa를 사용합니다.

지시형용사

		이~	그~	저~
남성	단수	este	ese	aquel
	복수	estos	esos	aquellos
여성	단수	esta	esa	aquella
	복수	estas	esas	aquellas

Esta muñeca es la más cara de la tienda. 이 인형이 매장에서 가장 비싸.

*muñeca가 여성명사이므로 지시사 esta를 사용합니다.

*la (여성형 정관사) + más (최상급) + cara (여성형 형용사)

주어에 따른 최상급 표현

el más guapo (남성) / la más guapa (여성)

el más alto (남성) / la más alta (여성)

María trabaja más que yo. 마리아는 나보다 일을 더 해.

비교문에서는 mucho가 아닌 más를 사용합니다.

menos 제외하고	tan~ 만큼	alt@ 키가 큰, 높은	guap@ 잘 생긴, 미녀인
barat@ 저렴한	gord@ 뚱뚱한	como~ 처럼	la muñeca 인형
trabajar 일하다	la tienda 매장		

62

¿Has estado alguna vez en México?

멕시코에 가 본 적 있니?

현재완료

1. 현재에서 가까운 과거의 일

조금 전에 있었던 일을 설명할 때 사용합니다.

2. 과거의 경험에 관한 일

여행을 다녀오거나, 누군가를 방문했던 일 등 과거에 경험한 일을 설명할 때 사용합니다.

3. 결과의 표현

지금의 상황이 어떠한 결과가 된 경우를 설명할 때 사용합니다.

4. 과거에서 현재까지 지속적으로 관계되는 일

과거에 시작해서 현재까지 계속 이어지고 있는 일을 설명할 때 사용합니다.

현재완료 만들기

조동사인 haber동사를 활용하고 뒤에 나오는 동사는 과거분사형을 씁니다.
-ar동사는 -ado로, -er/-ir동사는 -ido로 어미를 바꾸어 과거분사형으로 사용합니다.

조동사 haber현재형	동사원형	과거분사 p.p
he	estar →	estado
has	estudiar →	estudiado
ha +	comer →	comido
hemos	tener →	tenido
habéis	vivir →	vivido
han	salir →	salido

- Todo el día he estado muy ocupado 나 하루 종일 너무 바빴어.

- Todo el día he estudiado mucho. 나 하루 종일 공부 열심히 했어.

- ¿Has comido algo? 식사는 한 거니?

* 현재완료에서는 haber동사를 반드시 사용해야 합니다.

* 조동사(haber)는 본 행위를 도와주는 역할을 합니다.

* 직접적인 행위의 내용은 haber동사 뒤에 오는 동사로 나타냅니다.

현재완료 패턴 익히기

현재완료+alguna vez ~해본 적
- ¿Has estado alguna vez en México? 멕시코에 가 본 적 있니?

현재완료+ya 이미, 벌써
- ¿Ha leído ya el periódico? 벌써 신문 읽으셨어요?

Todavía+현재완료 아직(현재와 관련 있는 것)
- Todavía no he viajado a España. 아직 스페인 여행가 본 적 없어.
- Todavía no he desayunado. 아직 아침 식사를 못 했어.

현재완료+반복 횟수
- Hemos ido 2 veces. (우리는) 두 번 갔다 왔어.
- Ya he visitado varias veces. (나는) 이미 여러 번 방문했어.

Nunca+현재완료 한 번도 ~해본 적이 없다 (부정적 표현)
- Nunca he tomado alcohol. (나는) 술을 마셔 본 적이 없어.

1. ocupad@는 주어의 성별에 따라 ocupado(남성), ocupada(여성)으로 사용합니다.
2. [haber estado en+장소]는 '~에 가 본 적이 있다'라는 표현으로 사용됩니다.
3. vari@s는 항상 복수로 사용합니다.
4. ¿Has estado alguna vez en México?를 존칭(Ud.)로 사용할 경우 haber동사의 has를 ha로 바꾸어 사용합니다.
   -¿Ha estado alguna vez en México?

ocupad@ 바쁜   algo 무언가   leer 읽다
desayunar 아침식사하다   el periódico 신문   vari@s 여러 번, 많이

63 Hoy he roto con mi novio.

오늘 남친이랑 끝났어.

1. 현재완료의 시간적 표현

Hoy(오늘)+현재완료
Hoy he comido bastante.   오늘 너무 많이 먹었어.

Esta semana(이번주)+현재완료
Esta semana no he tenido mucho tiempo para descansar.
이번 주는 휴식할 시간이 너무 없었어.

Este año(올해)+현재완료
Este año he sacado buenas notas.   올해 나 성적이 좋았어.

Estos días(요즘)+현재완료
Estos días he estado enferma.   요즘 나 아팠어.

Últimamente(최근에)+현재완료
Últimamente ha empezado el frío.   최근 추위가 시작되었어.

2. 과거분사 불규칙

-to로 끝나는 과거분사

romper → roto 끝나다, 끝내다, 깨지다, 망가지다
- Hoy he roto con mi novio. 나 오늘 남자친구랑 끝났어.
- Ellos han roto su compromiso. 그들은 약혼이 무산되었다.

cubrir → cubierto 덮다, 씌우다, 가리다, 감싸다
- Este invierno ha cubierto de nieve toda la ciudad.
  올해(이번) 겨울은 온 도시가 다 눈으로 덮혔다.

escribir → escrito 쓰다, 작성하다, 편지를 쓰다
- Hoy he escrito muchas cartas para mis padres.
  오늘 부모님께 많은 편지를 썼어.
- Él ha escrito muchos libros. 그는 많은 책을 썼다.

poner → puesto 놓다, 입히다, 끼우다, 뿌리다
- ¿Ya has puesto sal en la ensalada? 샐러드에 벌써 소금을 뿌렸니?
- ¿Has puesto la carta sobre la mesa? 테이블 위에 메뉴판/카드를 놓았니?

ver → visto 보다, 보이다
- Recién lo he visto. 조금 전에 그것을 봤어.
- Hoy he visto un suéter rosado en una tienda de ropa.
  나는 오늘 옷가게에서 핑크색 스웨터를 보았어.

devolver → devuelto 되돌리다, 돌려주다, 반환하다

- Todavía no he devuelto los libros. 나 아직 책을 반납하지 않았어.

volver → vuelto 뒤집다, 돌아오다, 돌아가다

- ¿Ya has vuelto a casa? 너 벌써 집에 돌아간거니?

-cho로 끝나는 과거분사

hacer → hecho 하다, 만들다, 만들어지다

- ¿Qué has hecho hasta ahora? 지금까지 무엇을 한거니?
- ¿Quién lo ha hecho? 그것을 누가 한 거니?
- ¿Ya has hecho todo el trabajo? 모든 일을 다 한거니?

decir → dicho 말하다, 기술하다, 의견을 말하다

- Ahora me lo han dicho. 그들이 나에게 지금 그것을 말해 줬어.
- Te lo he dicho cien veces. 너에게 그것을 백 번 말해 줬어.

Hoy he roto con mi novio.

* con뒤에 사람 이름을 쓸 수도 있습니다.
* 상대가 여자인 경우에는 **Hoy he roto con mi novia.**로 표현합니다.

Este invierno ha cubierto de nieve toda la ciudad.

* invierno가 남성명사이므로 '이번'이라는 지시사를 남성형 지시사 este로 사용합니다.
* este invierno는 '올해 겨울'이라는 뜻입니다.

¿Has puesto la carta sobre la mesa?

* la carta는 여러가지 의미를 가지고 있습니다. 메뉴, 편지(카드), 게임 카드는 항상 las cartas 복수형으로 사용합니다.
* 메뉴판을 가리킬 때는 la carta 대신 el menú로도 사용할 수 있습니다.

Ahora me lo han dicho.

* me(간접목적대명사)+lo(직접목적대명사)의 순서로 써야합니다.

1. romper대신에 terminar동사를 사용해보세요.
   - *Hoy he terminado con mi novia.*
2. la carta는 스페인, el menú는 중남미에서 주로 사용하지만 무엇을 써도 소통에는 문제가 없습니다.
3. las notas 항상 복수로 사용합니다.

bastante 충분히   **las notas** 성적   **la sal** 소금
la ensalada 샐러드   **recién** 조금 전에   **todavía no** 아직 ~않다

64 Pretérito perfecto simple indicativo
단순과거란?

직설법 단순과거

단순과거는 부정과거라고도 하며 어떤 과거의 한 시점에서 '~가 일어났다' 혹은 '~을 하였다'라는 의미를 나타냅니다. 일시적인 사건이나 사고 또는 동작이나 상태가 과거의 어느 한 순간에서 끝난 것을 의미하는 시제입니다.

-ar 동사의 단순과거 규칙형 활용

Hablar 말하다

현재	단순과거
hablo	hablé
hablas	hablaste
habla	habló
hablamos	hablamos
habláis	hablasteis
hablan	hablaron

Ayer hablé por teléfono con Juan.
나는 어제 후안과 전화 통화를 했어.

Cantar 노래하다

현재	단순과거
canto	canté
cantas	cantaste
canta	cantó
cantamos	cantamos
cantáis	cantasteis
cantan	cantaron

Canté mucho con mis compañeros. 나는 친구들과 노래를 많이 했어.

Estudiar 공부하다

현재	단순과거
estudio	estudié
estudias	estudiaste
estudia	estudió
estudiamos	estudiamos
estudiáis	estudiasteis
estudian	estudiaron

Anoche estudié mucho para el examen.
어젯밤에 나는 시험을 위해서 공부를 열심히 했어.

−ar의 단순과거 규칙형 중 3인칭 단수 6에서 아쎈또가 없다면 현재형 1인칭이 되므로 아쎈또에 유의해주세요.

ayer '어제'라는 뜻으로 현재와는 관련이 없는 단순과거 시제에서 자주 사용됩니다.

anoche(어젯밤) = ayer(어제)+noche(밤)

hablar por teléfono 전화하다, 통화하다　　anoche 어젯밤에　　el/la compañer@ 동료

65 단순과거 -er형 규칙동사

-er 동사의 단순과거 규칙형 활용

Comer 먹다

현재	단순과거
como	comí
comes	comiste
come	comió
comemos	comimos
coméis	comisteis
comen	comieron

¿Ya comiste todo? 벌써 식사를 다 했니?

¿Con quién comiste? 누구랑 식사했니?

Beber 마시다

현재	단순과거
bebo	bebí
bebes	bebiste
bebe	bebió
bebemos	bebimos
bebéis	bebisteis
beben	bebieron

Ayer bebí 5 botellas de vino tinto en la fiesta.
어제 파티에서 레드와인 5병을 마셨어.

Anoche el Sr.José bebió mucho y está muy mal.
어젯밤에 호세씨가 술을 많이 마셔서 지금 상태가 좋지 않아.

Aprender 배우다

현재	단순과거
aprendo	aprendí
aprendes	aprendiste
aprende	aprendió
aprendemos	aprendimos
aprendéis	aprendisteis
aprenden	aprendieron

Ayer aprendí mucho sobre la obra de Don Quijote.
어제는 돈키호테라는 작품에 대해 많이 배웠어.

Nosotros aprendimos de la historia de España, pero todavía es muy difícil.
우리는 스페인 역사에 대해 배웠어. 그런데 아직 매우 어려워.

1. comer 동사는 '먹다', '점심을 먹다'라는 의미로 식사를 할 때에만 사용하며 '약을 먹다', '아이스크림을 먹다'를 표현할 때는 tomar 동사를 사용해야 합니다.
2. bebe '마시다'라는 beber 동사의 3인칭 단수형이며, '아기'라는 명사 bebé와는 아쎈또로 구별합니다.

vino tinto 레드와인
la fiesta 파티
beber 마시다

sobre ~에 대하여
aprender 배우다

la botella 유리병
la obra 작품, 저서, 공사

66 단순과거 -ir형 규칙동사

-ir 동사의 단순과거 규칙형 활용

Vivir 살다

현재	단순과거
vivo	viví
vives	viviste
vive	vivió
vivimos	vivimos
vivís	vivisteis
viven	vivieron

Ellos vivieron en Santiago de Chile. 그들은 칠레 산티아고에서 살았어.

El año pasado tú viviste en (la) casa de Marcela.
작년에 너는 마르셀라의 집에서 살았었잖아.

Recibir 받다

현재	단순과거
recibo	recibí
recibes	recibiste
recibe	recibió
recibimos	recibimos
recibís	recibisteis
reciben	recibieron

Recibí un correo electrónico desde España.
나는 스페인에서 온 메일을 받았어.

Ayer Daniela recibió la beca en la universidad.
어제 다니엘라는 대학교에서 장학금을 받았어.

Abrir 열다

현재	단순과거
abro	abrí
abres	abriste
abre	abrió
abrimos	abrimos
abrís	abristeis
abren	abrieron

¿Quién abrió la ventana? 누가 창문을 열었어?

Marta abrió una tienda de ropa en el centro de la ciudad.
마르따가 도심에 의류매장 하나를 오픈했어.

abrir 동사는 '(닫힌 문을)열다'의 의미도 있지만 '새롭게 매장을 오픈하다'라는 의미로도 사용합니다.

la beca 장학금
la ciudad 도시
recibir 받다

la ventana 창문
el centro 중심, 다운타운
el año pasado 작년

la ropa 의류, 옷
abrir 열다

67 단순과거 불규칙동사 1
ser, ir, dar, ver

Ser ~이다

현재	단순과거
soy	fui
eres	fuiste
es	fue
somos	fuimos
sois	fuisteis
son	fueron

La fiesta **es** el martes próximo. (현재형) 파티는 다음 주 화요일이야.
La fiesta **fue** el martes pasado. (단순과거형) 파티는 지난 주 화요일이었어.

Ir 가다

현재	단순과거
voy	fui
vas	fuiste
va	fue
vamos	fuimos
vais	fuisteis
van	fueron

Él **se va** de viaje en agosto. (현재형) 그는 8월에 여행을 떠나.
Él **se fue** de viaje la semana pasada. (단순과거형) 그는 지난 주에 여행을 떠났어.

Dar 주다

현재	단순과거
doy	di
das	diste
da	dio
damos	dimos
dais	disteis
dan	dieron

Todos los días doy un paseo por la mañana.
(현재형) 나는 매일 아침 산책을 해.

Ayer di un paseo con mi perro. (단순과거형) 어제 나는 나의 강아지와 산책을 했어.

Ver 보다

현재	단순과거
veo	vi
ves	viste
ve	vio
vemos	vimos
veis	visteis
ven	vieron

Ya veo. (현재형) 나 이해가 돼. 나 다 알아.

El otro día vi a tu novio en la calle.
(단순과거형) 얼마 전에 나는 길거리에서 너의 남자친구를 봤어.

dar '(물건을)주다' 외에 '(어떠한 행동이나 동작을)하다'라는 의미로도 사용됩니다.

- dar un paseo 산책을 하다
- dar un beso 키스를 하다
- dar un golpe 두드리다
- dar una película 영화를 상영하다
- dar una inyección 주사를 놓다

la semana pasada 지난 주
semana가 여성명사이기 때문에 '지나간'이라는 뜻의 여성형 형용사 pasada가 쓰였습니다.

Él se va de viaje en agosto.
se va는 irse '가 버리다'라는 재귀동사로 사용이 되었으며 ir동사가 행동명사를 목적어로 쓰는 경우 전치사 de를 사용합니다.

ir de + 행동명사

- ir de compras 쇼핑 가다
- ir de vacaciones 휴가 가다
- ir de viaje de negocios 출장 가다
- ir de excursión 소풍 가다
- ir de viaje 여행 가다
- ir de pesca 낚시 가다
- ir de paseo 산책 가다

ser, ir, dar, ver동사는 다른 동사들에 비해 단어가 짧으며 아쎈또가 없다는 특징이 있습니다.

próxim@ 다가올 pasad@ 지난 el viaje 여행
la semana 주 el otro día 다른 날, 얼마 전에 el martes 화요일
el agosto 8월 el paseo 산책 la calle 거리
ya 이미 la inyección 주사 el golpe 타격, 부딪침, 충동
el beso 키스, 입맞춤

68 단순과거 불규칙동사 2

estar, tener, poder, venir, hacer, poner, querer

현재	단순과거 어간		어미부분
estar	estuv-		-e
tener	tuv-		-iste
poder	pud-	+	-o
venir	vin-		-imos
hacer	hic-		-isteis
poner	pus-		-ieron
querer	quis-		

Estar
~있다, ~되어있다

현재	단순과거
estoy	estuve
estás	estuviste
está	estuvo
estamos	estuvimos
estáis	estuvisteis
están	estuvieron

Los chicos estuvieron jugando astronautas.
아이들은 비행놀이를 하고 있었어.

Tener
가지고 있다

현재	단순과거
tengo	tuve
tienes	tuviste
tiene	tuvo
tenemos	tuvimos
tenéis	tuvisteis
tienen	tuvieron

Anoche tuve que ir al hospital. 나는 간밤에 병원에 가야만 했다.

Poder
가능하다

현재	단순과거
puedo	pude
puedes	pudiste
puede	pudo
podemos	pudimos
podéis	pudisteis
pueden	pudieron

No pude decírtelo antes. 내가 예전에 너에게 그것을 말할 수가 없었어.

Venir
오다

현재	단순과거
vengo	vine
vienes	viniste
viene	vino
venimos	vinimos
venís	vinisteis
vienen	vinieron

Cuando vinieron, apenas pude verlos.
그들이 왔을 때, 겨우 나는 그들을 만날 수 있었어.

¿No sabes por qué viniste acá? 너는 네가 여기 왜 왔는지 몰라?

Hacer
행동하다, 만들다

현재	단순과거
hago	hice
haces	hiciste
hace	hizo
hacemos	hicimos
hacéis	hicisteis
hacen	hicieron

Tu tío me hizo sentir mal. 너의 삼촌이 나를 기분 상하게 했어.

Ellos lo hicieron para mañana. 그들은 그것을 내일을 위해 만들었어.

Poner
놓다, 입히다

현재	단순과거
pongo	puse
pones	pusiste
pone	puso
ponemos	pusimos
ponéis	pusisteis
ponen	pusieron

Camila puso su móvil en la mesa. 까밀라는 그녀의 휴대폰을 탁자에 놓았다.

Querer
원하다

현재	단순과거
quiero	quise
quieres	quisiste
quiere	quiso
queremos	quisimos
queréis	quisisteis
quieren	quisieron

Nosotros quisimos ir al centro. 우리는 센트로에 가고 싶었어.

Los chicos estuvieron jugando astronautas.

* [estar 현재형 + 현재분사]는 '~하는 중이다', [estar 단순과거형 + 현재분사]는 '~하는 중이었다'로 해석되므로 **estuvieron jugando**는 '그 당시에 놀고 있던 중이었다'라고 해석합니다.
* -ar동사는 -ando, -er/-ir동사는 -iendo를 붙여 현재분사를 만듭니다. (Ep.48 참고)

No pude decírtelo antes.

No pude+decir(동사원형)+te(간접목적대명사)+lo(직접목적대명사)

* poder 동사의 단순과거형 1인칭 단수인 pude는 조동사이므로 조동사 다음에 오는 동사는 원형을 사용합니다.
* 간접목적대명사와 직접목적대명사가 한 문장에 올 때는 항상 간+직의 순서로 사용합니다.

1. 단순과거는 이미 끝난 행동이거나 현재와는 상관이 없는 사건을 나타낼 때 사용하는 시제입니다.
2. venir 동사는 말하는 화자 쪽으로 누군가가 와주는 것을 의미합니다.
   venir de '주어가 어디로부터 왔다'고 할 경우에는 전치사 de를 동반합니다.
   venir a '주어가 무엇을 하려고 왔다'고 할 경우에는 [venir a+동사원형]으로 표현합니다.
3. hacer 동사는 단순과거 3인칭 단수에서 hico가 아닌 hizo로 변합니다.

el/la chic@ 어린이   jugar 게임하다, 놀다   el/la astronauta 우주비행사   anoche 어젯밤
decir 말하다, 의견을 이야기하다   antes 이전에   cuando ~할 때
apenas 겨우~하다   acá 여기(=aquí)   el/la tí@ 삼촌, 이모

69 단순과거 불규칙 동사 3

leer, creer, oír, reír

3인칭이 -y로 변하는 동사들

Leer (책을) 읽다

현재	단순과거
leo	leí
lees	leíste
lee	leyó
leemos	leímos
leéis	leísteis
leen	leyeron

Cuando leí eso, decidí dejarle. 내가 그걸 읽었을 때 나는 그를 놔두기로 결정했어.

¿No leyeron los contratos? 그들은 계약서를 읽지 않았어?

Creer 믿다

현재	단순과거
creo	creí
crees	creíste
cree	creyó
creemos	creímos
creéis	creísteis
creen	creyeron

La otra noche no me creíste. 너는 얼마 전 저녁에 나를 믿지 않았어.

No sé por qué creí esa noticia. 내가 왜 그 뉴스를 믿었는지 모르겠어.

Oír 들리다

현재	단순과거
oigo	oí
oyes	oíste
oye	oyó
oímos	oímos
oís	oísteis
oyen	oyeron

Pienso que no me oíste bien. 내가 보기엔 네가 내 얘기를 잘 안 들은 것 같아.

Creo que oyeron lo que ocurrió. 내가 보기엔 그들은 일어난 일에 대해서 들었어.

Los vecinos oyeron el ruido de la bomba. 이웃들은 폭탄 소리를 들었어.

Reír 웃다

현재	단순과거
río	reí
ríes	reíste
ríe	rio
reímos	reímos
reís	reísteis
ríen	rieron

Me reí con los ojos llenos de lágrimas. 나는 눈물이 두 눈에 가득하도록 웃었어.

Cuando él me miró, se rio. 그가 나를 바라보았을 때 그는 웃었어

모음이 겹치는 동사의 경우 3인칭 단수와 3인칭 복수에서 y가 포함되며 발음이 변합니다.

La otra noche no me creíste.
no + me(간접목적대명사) + 동사 단순과거 2인칭 단수

se rio   '비웃었다' 또는 '스스로 웃었다'는 의미로 쓰이며 강조격으로 사용합니다.

rio에 아쎈또가 찍힌 사전이 있지만 약모음과 강모음이 함께 있을 경우 강모음에 강세를 주므로 아쎈또가 없어도 됩니다. 아쎈또가 찍힌 el río는 '강(river)'이라는 뜻입니다.

decidir 결정하다
ocurrir 사건이 일어나다, 발생하다
la lágrima 눈물
los ojos 두 눈

el contrato 계약서
el ruido 소음, 시끄러운 소리
cuando ~했을 때
llen@ 가득한

pienso que 내가 보기에
el/la vecin@ 이웃
la bomba 폭탄

70 단순과거 불규칙 동사 4

sentir, pedir, dormir

3인칭 어근도 변하는 동사들

Sentir 느끼다

현재	단순과거
siento	sentí
sientes	sentiste
siente	sintió
sentimos	sentimos
sentís	sentisteis
sienten	sintieron

Siempre me sentí feliz con él. 그와 함께 나는 항상 행복을 느꼈어.

Dormí un largo tiempo y me sentí genial.
나는 긴 잠을 잤어. 그래서 기분이 엄청 좋았어.

Pedir
요청하다, 부탁하다

현재	단순과거
pido	pedí
pides	pediste
pide	pidió
pedimos	pedimos
pedís	pedisteis
piden	pidieron

Te pedí venir aquí porque somos familia.
우리는 가족이기 때문에 너에게 이곳으로 와주기를 부탁했어.

Te pedí venir aquí porque somos amigos.
우리는 친구이기 때문에 너에게 이곳으로 와주기를 부탁했어.

Me pidieron firmar un contrato. 그들이 나에게 계약서에 서명하기를 요청했어.

Dormir
자다

현재	단순과거
duermo	dormí
duermes	dormiste
duerme	durmió
dormimos	dormimos
dormís	dormisteis
duermen	durmieron

Me levanté tarde, dormí mucho. 잠을 많이 자서 늦게 일어났어.

Casi no dormí anoche. 어젯밤에 잠을 거의 못 잤어.

sentir feliz 행복을 느끼다

sentir genial 기분이 매우 좋다

Te pedí venir aquí porque somos familia.
행동을 부탁할 경우 pedir동사 뒤에 동사원형을 붙여 씁니다.

Me levanté tarde, dormí mucho.
이미 지난 행동을 나타내기 때문에 두 가지 동사 모두 단순과거로 사용합니다.

Casi no dormí anoche. = Anoche casi no dormí.
시간적인 표현은 맨 앞, 맨 뒤 무관하게 사용이 가능합니다.

Levantarse 일어나다

현재형		단순과거	
me	levanto	me	levanté
te	levantas	te	levantaste
se	levanta	se	levantó
nos	levantamos	nos	levantamos
os	levantáis	os	levantasteis
se	levantan	se	levantaron

-ir동사 중, 현재형에서 e→ie, e→i, o→ue로 변하는 동사는 단순과거 3인칭 단수/복수에서 e→i, o→u로 변경합니다.

el contrato 계약서 firmar 서명하다 genial 걸작, 멋진, 훌륭한, 엄청 좋았어
casi 거의 porque 왜냐하면 feliz 행복한
larg@ 길이가 긴

단순과거 불규칙 동사 5

buscar, pagar, empezar

-car / -gar / -zar로 끝나는 동사들

Buscar
~를 찾다, 수색하다, 구하다

현재	단순과거
busco	busqué
buscas	buscaste
busca	buscó
buscamos	buscamos
buscáis	buscasteis
buscan	buscaron

Él buscó el medio de transporte más económico.
그는 더 경제적인 교통수단을 찾았어.

Yo busqué un libro de coreano. 나는 한국어 책을 찾았어.

Ya me buscaste en el metro. 너는 이미 지하철에서 나를 찾았어.

Pagar
지불하다, 돈을 내다

현재	단순과거
pago	pagué
pagas	pagaste
paga	pagó
pagamos	pagamos
pagáis	pagasteis
pagan	pagaron

Le pagué 10.000 dólares en efectivo.
나는 그에게 현금으로 10,000달러를 지불했어.

Pagué cien mil wones de impuesto. 나는 세금으로 10만원을 지불했어.

Empezar
시작하다

현재	단순과거
empiezo	empecé
empiezas	empezaste
empieza	empezó
empezamos	empezamos
empezáis	empezasteis
empiezan	empezaron

¿Cuándo empezaron a salir? 그들은 언제 외출하기 시작한 거야?

¿Cuándo empezaste en este trabajo? 너는 이 일을 언제 시작하게 된 거야?

Desde ayer empecé a estudiar español.
나는 어제부터 스페인어를 공부하기 시작했어

buscar trabajo 일을 구하다 / **buscar el móvil** 핸드폰을 찾다

él buscó é에 아쎈또가 있으므로 3인칭의 '그'를 뜻하고 단순과거 3인칭인 buscó도 어미에 아쎈또가 있습니다.

el medio de transporte más económico '더 경제적인 교통수단'의 의미로 암기하면 더 유용하게 쓸 수 있습니다.

buscar처럼 활용하는 동사

Tocar
연주하다, 만지다다 내다

인칭대명사	단순과거
(yo)	to**qué**
(tú)	tocaste
(él, ella, usted)	tocó
(nosotr@s)	tocamos
(vosotr@s)	tocasteis
(ell@s, ustedes)	tocaron

- **tocar el piano** 피아노를 연주하다

Sacar 꺼내다

인칭대명사	단순과거
(yo)	sa**qué**
(tú)	sacaste
(él, ella, usted)	sacó
(nosotr@s)	sacamos
(vosotr@s)	sacasteis
(ell@s, ustedes)	sacaron

- **sacar el pasaporte** 여권을 꺼내다

pagar처럼 활용하는 동사

Llegar 도착하다

인칭대명사	단순과거
(yo)	llegué
(tú)	llegaste
(él, ella, usted)	llegó
(nosotr@s)	llegamos
(vosotr@s)	llegasteis
(ell@s, ustedes)	llegaron

- llegar a casa 집에 도착하다

empezar처럼 활용하는 동사

Cruzar 길을 건너다

인칭대명사	단순과거
(yo)	crucé
(tú)	cruzaste
(él, ella, usted)	cruzó
(nosotr@s)	cruzamos
(vosotr@s)	cruzasteis
(ell@s, ustedes)	cruzaron

- cruzar la calle 길을 건너다

1. pagué g와 é사이에 u를 넣어줘야 gué(게)발음이 됩니다.
2. ¿Cuándo empezaron a estudiar? empezar a+동사원형 '~을 하기 시작하다'

el medio 수단, 중앙, 중간, 방법   el transporte 운송, 교통   el medio de transporte 교통수단
económic@ 경제적인   el impuesto 세금   cien mil wones 십만원
el metro 지하철   el efectivo 현금   salir 나가다
empezar 시작하다

72

Hoy 그리고 Ayer
현재완료와 단순과거의 차이점

단순과거와 함께 쓰이는 시간부사(구)

시간 표현	문장	동사원형
ayer 어제	¿Qué hiciste ayer? 어제 뭐 했어?	hacer
el año pasado 작년	El año pasado fui a Argentina. 작년에 아르헨띠나에 갔어.	ir
anoche 어젯밤에 / 간밤에	¿Cuántas horas dormiste anoche? 간밤에 몇 시간 잔 거야?	dormir
anteayer 그저께	Anteayer dormí muy mal por la pesadilla. 나는 그저께 악몽으로 잠을 잘 못 잤어.	dormir
anteanoche 그저께 저녁	Anteanoche fui a (la) casa de mi hermana. 그저께 저녁에 나는 언니(여동생)집에 갔었어.	ir
hace unos días 며칠 전에	Hace unos días jugué al tenis con Juan. 나는 며칠 전에 후안과 테니스를 쳤어.	jugar
el 15 de septiembre del 2021 2021년 9월 15일	Llegué a Seúl el 15 de septiembre del 2021. 나는 2021년 9월 15일에 서울에 도착했어.	llegar
la semana pasada 저번 주	La semana pasada fui a cenar con Matilda. 나는 저번 주에 마띨다와 식사를 하러 갔었어.	ir

현재완료와 함께 쓰이는 시간부사(구)

시간 표현	문장	동사원형
hoy 오늘	Hoy me he levantado muy temprano. 오늘 나는 매우 일찍 일어났어.	levantarse
esta semana 이번 주	Esta semana he leído una novela. 나 이번 주에 소설 책 한 권을 읽었어.	leer
este año 올 해	Este año he estado muy enferma. 올 해는 몸이 안 좋았어.	estar
esta mañana 오늘 아침에	Esta mañana no he comido nada. 오늘 아침에 아무것도 먹지 않았어.	comer
últimamente 최근에	Últimamente he sacado buenas notas. 최근에 내가 좋은 성적을 받았어.	sacar

단순과거 복습

Hacer 하다, 만들다

(yo)	hice
(tú)	hiciste
(él, ella, usted)	hizo
(nosotr@s)	hicimos
(vosotr@s)	hicisteis
(ell@s, ustedes)	hicieron

Ir 가다

(yo)	fui
(tú)	fuiste
(él, ella, usted)	fue
(nosotr@s)	fuimos
(vosotr@s)	fuisteis
(ell@s, ustedes)	fueron

Dormir 자다

(yo)	dormí
(tú)	dormiste
(él, ella, usted)	durmió
(nosotr@s)	dormimos
(vosotr@s)	dormisteis
(ell@s, ustedes)	durmieron

Jugar 놀다

(yo)	**jugué**
(tú)	**jugaste**
(él, ella, usted)	**jugó**
(nosotr@s)	**jugamos**
(vosotr@s)	**jugasteis**
(ell@s, ustedes)	**jugaron**

1. fui a Argentina. 전치사 a와 Argentina 사이에 연음현상이 일어납니다.
2. Cuántas horas horas가 여성명사 복수형으로 사용되었으므로 Cuánto의 여성 복수형인 Cuántas 가 사용됩니다.

la pesadilla 악몽　　**enferm@** 아픈　　**buenas notas** 좋은 성적(↔malas notas 나쁜 성적)
la novela 소설　　**tempran@** 이른　　**últimamente** 최근에
el septiembre 9월　　**cenar** 저녁식사를 하다　　**llegar** 도착하다

더보기

단어모음
플러스테마

alegre	쾌활한, 밝은 성격의
amable	친절한
alt@	키가 큰
amar	사랑하다
amig@ (el/la)	남자/여자 사람 친구
agua con gas	탄산수
algo	무언가, 뭐 좀
abrir	열다
asistir	참석하다
año (el)	년, 살(나이)
aquí	여기
ahora	지금
a veces	가끔
agradar	좋아하다
aburrir	따분해하다
amoros@	자애로운, 사랑스러운
aprender	배우다
armónico	조화로운
andin@	안데스 지방의
aún	아직도, 아직
antes de	~하기 전에
aeropuerto (el)	공항
aire (el)	공기
alguien	누군가
amor (el)	사랑
amistad (la)	우정
agradecer	감사를 느끼다
anoche	어젯밤에
año pasado (el)	작년
agosto (el)	8월
astronauta (el/la)	우주비행사
antes	이전에
apenas	겨우~하다
acá	여기
Año Nuevo (el)	새해
aniversario (el)	기념일

buen@	좋은
biblioteca (la)	도서관
bailar	춤추다
besar	키스하다
bastante	꽤, 충분히
bebida (la)	음료수
bonit@	예쁜, 아름다운
buena persona	좋은 사람
baj@	키가 작은
bajar	내려오다
baño (el)	화장실
bañar	담그다, 적시다
boca (la)	입
blanc@	하얀

barat@	저렴한	correo electrónico (el)	이메일
beca (la)	장학금	colegio (el)	학교
botella (la)	유리병	carta (la)	메뉴, 편지(카드), 게임 카드
beber	마시다	cena (la)	저녁식사
bomba (la)	폭탄	cansad@	피곤한
buenas notas	좋은 성적	cambiar	바꾸다
boda (la)	결혼식, 결혼	casarse	결혼하다
		centro (el)	중심, 다운타운
		calle (la)	거리

C

conducir	운전하다	cuando	~할 때
cenar	저녁밥을 먹다	contrato (el)	계약서
computadora (la)	컴퓨터	casi	거의
cara (la)	얼굴	cien mil wones	10만원
cabello (el)	머리카락	cielo (el)	하늘
caliente	따뜻한	compartiendo	나누면서
camisa (la)	셔츠	compartir	나누다
casar	결혼시키다	chino (el)	중국어
costar	값이 나가다	chic@ (el/la)	어린이
cantar	노래하다		
casa (la)	집		

D

comedia (la)	코메디	día (el)	날, 요일
canción (la)	노래, 음악	delgad@	마른
compra (la)	쇼핑	de	~의
coche (el)	자동차	desear	소망하다, 바라다
cerveza (la)	맥주	decidir	결정하다
conocimiento (el)	지식	discutir	언쟁하다
como	~처럼	dividir	나누다

de la mañana	오전	escuchar	듣다
de la tarde	오후	entrar	들어오다, 들어가다
descansar	쉬다, 휴식을 취하다	estrés (el)	스트레스
difícil	어려운	en	~에서
domingo (el)	일요일	examen (el)	시험
dar	주다	excursión (la)	소풍
doler	아픔을 주다	espos@ (el/la)	배우자
diente (el)	치아	este/a	이번
dedicar	할애하다	estos días	요즘
dulce	달콤한	encantar	무척 즐거움을 주다
duchar	샤워시키다	estómago (el)	배, 위
después de	~을 한 후에	estación (la)	계절, 정거장
depender de	~에 좌우되다	estudiar	공부하다
decir	이야기하다, 말하다	ejercicio	운동
descuento (el)	할인	equipo (el)	팀
dinero (el)	돈	especialidad (la)	전공, 전문
desayunar	아침식사를 하다	escribir	쓰다
dueñ@ (el/la)	주인	escalera (la)	계단
desde	~로부터	empezar	시작하다
dormir	잠을 자다	encontrar	찾다
		enviar	보내다
		ensalada (la)	샐러드

E

estudiante (el/la)	학생	económic@	경제적인
exigente	까다로운	efectivo (el)	현금
escuela (la)	학교	enferm@	아픈
español (el)	스페인어	estrella (la)	별
esperar	기다리다		

flac@	날씬한
fumar	담배를 피우다
familia (la)	가족
frío (el)	추위
fiebre (la)	열
fruta (la)	과일
fresc@	선선한, 신선한
fútbol (el)	축구
fin (el)	끝
faltar	부족하다
falda (la)	치마
fe@	못생긴
farmacia (la)	약국
fiesta (la)	축제, 파티
firmar	서명하다
feliz	행복한

guap@	멋진/예쁜
gord@	뚱뚱한
gusto (el)	기쁨, 즐거움
gripe (la)	독감
guitarra (la)	기타
gana (la)	요구, 욕망
gustar	좋아하다

gordit@	뚱뚱한
generos@	마음이 넓은, 너그러운
grabación (la)	녹음, 음반
generalmente	보통은, 대개는
ganar dinero	돈을 벌다
genial	걸작, 멋진, 훌륭한, 엄청 좋았어!

hermos@	아름다운
hospital (el)	병원
hoy	오늘
hasta	~까지
hora (la)	시간
hambre (la)	배고픔
hacer	하다, 만들다
hijo único	외동아들
hija única	외동딸
helado (el)	아이스크림
horario (el)	시간표, 계획
hablar	말하다
hermano (el)	남자형제
hermana (la)	여자형제
hermano mayor (el)	오빠, 형
hermana mayor (la)	언니, 누나
hermano menor (el)	남동생
hermana menor (la)	여동생
hablar por teléfono	전화하다, 통화하다

I

inteligente	똑똑한, 지적인
inglés (el)	영어
invitar	초대하다
invierno (el)	겨울
importar	중요하다, 문제가 되다
interesar	관심을 끌다
impaciente	욱하는, 참지 못하는
idea (la)	생각, 아이디어
impuesto (el)	세금

J

junt@s	함께
jueves (el)	목요일
juguete (el)	장난감
jugar	게임하다, 놀다

K

kilo (el)	킬로그램(kg)

L

lind@	미남인, 미녀인
lunes (el)	월요일
luego	빨리, 나중에
leer	읽다
lejos	먼
libre	자유의, 남는, 비어있는
lavar	물로 씻다
lavadora (la)	세탁기
lavavajillas (el)	식기세척기
limpiar	청소하다, 제거하다
loc@	미친
lápiz (el)	연필
librería (la)	서점
lágrima (la)	눈물
larg@	길이가 긴
llamarse	~라고 불리다
llegar a	~에 도착하다
llamar	부르다, 연락하다
llen@	가득한
llegar	도착하다

M

muy	매우
mal	나쁜
más	더하기, 더
menos	빼기, 덜, ~를 제외하고
mañana	내일
mirar	보다
madre (la)	어머니
medi@	반, 중간의
manzana (la)	사과
mal@	나쁜

mes (el)	달(month)	novi@(el/la)	애인
mexicano	멕시코인(남자)	necesitar	필요로 하다
martes (el)	화요일	naranja (la)	오렌지
miércoles (el)	수요일	nuestr@	우리의
Museo Nacional	국립 박물관	náusea (la)	속 울렁거림
molestar	짜증나게 하다	necesari@	없어서는 안 될
mar (el)	바다	nadar	수영하다
marrón	밤색의	nariz (la)	코
moren@	까무잡잡한	número (el)	수, 숫자
miembro (el)	구성원	novela (la)	소설
mano (la)	손	nuev@	새로운
moco (el)	콧물	las notas	성적
me gusta	나는 ~을 좋아한다	Navidad (la)	크리스마스
minifalda	미니스커트		
morir	죽다		
mamá (la)	엄마		
muñeca (la)	인형		
menú (el)	메뉴판		
montón (el)	상당한 수, 꽤 많은 수		
medio (el)	수단, 중앙, 중간, 방법		
medio de transporte (el)	교통수단		
metro (el)	지하철		
malas notas	나쁜 성적		

o	혹은(영어의 or)		
oficina (la)	사무실		
otoño (el)	가을		
ojo (el)	눈		
oscur@	어두운		
original	최초의, 독특한, 독창적인		
ocupad@	바쁜		
los ojos	두 눈		
oreja (la)	귀		
odio (el)	증오		
obra (la)	작품, 저서, 공사		
otro día (el)	다른 날, 얼마 전에		
ocurrir	사건이 일어나다, 발생하다		

noche (la)	밤
nombre (el)	이름

piano (el)	피아노
ping pong (el)	탁구
paseo (el)	산책
pesca (la)	낚시
primavera (la)	봄
posible	가능한
preguntar	질문하다
parecer	~한 것 같다, ~처럼 보이다
piel (la)	피부
pelo (el)	머리카락
paciente	참을성, 인내심 있는
padre (el)	아버지
persona (la)	사람
parecido a	~와 닮은
pasar	지나가다
pensar	생각하다
prueba (la)	시험
poder	할 수 있다
ponerse	놓다, 옷을 입다
primer@	우선, 먼저, 제일
próxim@	가까운, 멀지 않은
precio (el)	가격
pájaro (el)	새
papá (el)	아빠
panadería (la)	베이커리
paz (la)	평화
probar	맛을 보다
preparad@	준비되어 있는
picar	뾰족한 것으로 찌르다, 간식을 먹다
pasad@	지난
pienso que	내가 보기에
pedir	요청하다, 부탁하다
pesadilla (la)	악몽

qué	무엇
querid@	친애하는
querer	원하다

recibir	받다, 맞이하다
regalo (el)	선물
regalar	선물하다
ropa (la)	옷
revisar	주의깊게 보다, 훑어보다
romántic@	로맨틱한
recién	조금 전에
resfriad@	감기에 걸린
resfriar	차게 만들다
resfriarse	감기에 걸리다
ruido (el)	소음, 시끄러운 소리

S

Señor (el)	~씨	sal (la)	소금
Señora (la)	~여사, ~부인	sobre	~에 대하여
simpátic@	친절한	septiembre (el)	9월
sociable	사회성이 좋은, 사교적인	suerte (la)	행운, 복

T

su	당신의	tarde (la)	오후, 늦게
saludar	인사하다	tu	너의
siempre	항상	trabajar	일하다
sin	~없이	todos los días	하루종일
salir	나가다	trabajo (el)	일, 업무
subir	오르다	tiempo (el)	날씨, 시간
Seúl	서울	tocar	연주하다
sol@	혼자	té (el)	차(tea)
sueño (el)	꿈, 수면, 잠	todo	모든 것
sed (la)	갈증	tener	가지다
supermercado (el)	슈퍼마켓	trabajador/trabajadora	성실한, 일을 열심히 하는
sol (el)	해, 태양	tomar	마시다, 잡다
semana (la)	주(week)	tempran@	이른, 일찍
sábado (el)	토요일	tan	~만큼
sobre todo	특히	tienda (la)	매장
ser	~이다	todavía no	아직 ~않다
soberbi@	거만한	todo el día	하루종일
similar a	~와 비슷하다, 흡사하다	tumbar	쓰러뜨리다
seguir	따라가다, 계속 ~하다	tí@ (el/la)	삼촌, 이모
salud (la)	건강	transporte (el)	운송, 교통
salir de casa	집에서 나오다		

usar	사용하다
unos	몇 명의
universidad (la)	대학교
últimamente	최근에

viajar	여행하다
vivir	살다
vender	팔다
visitar	방문하다
verdura (la)	야채
viento (el)	바람
violín (el)	바이올린
venir	오다
viernes (el)	금요일
voleibol (el)	배구
viaje (el)	여행
vomitar	토하다
verano (el)	여름
vestido (el)	원피스
volver	돌아오다, 돌아가다
valer	가치가 나가다
vida (la)	인생
vivir en positivo	긍정적으로 살다
vari@s	여러 번, 많이
vino tinto	레드와인
ventana (la)	창문
vecin@ (el/la)	이웃

y también	그리고 역시
y	그리고
ya	이미

서수

1. 서수는 명사의 앞과 뒤에 사용이 가능하며 명사의 성.수에 일치시켜야 하며 서수가 명사를 수식할 때 그 명사에 정관사를 항상 함께 써야 합니다.

el día primero (= el primer día)
[엘 디아 쁘리메로 (엘 쁘리메르 디아)] 첫째 날

el capítulo tercero (= el tercer capítulo)
[엘 까삐뚤로 떼르쎄로 (엘 떼르쎄르 까삐뚤로)] 제 3장

Estudiamos la quinta lección.
[에스뚜디아모스 라 낀따 렉씨온] 우리는 제 5과를 공부합니다.

2. 열한 번째 이상의 서수는 명사 뒤에 기수를 써서 서수를 대신하는 경우가 많다.

el capítulo decimoquinto (= el capítulo quince)
[엘 까삐뚤로 데씨모낀또 (엘 까삐뚤로 낀쎄)] 제15장

1. 숫자를 쓸 때는 알파벳이 아닌 아라비아 숫자를 쓰면 되므로 듣고 말하며 익힙니다.
2. veintiuno 뒤에 남성명사가 올 경우 어미 o를 삭제합니다. 즉 veintiuno libros(책 21권)가 아니라 o가 빠지면서 veintiún libros가 되며 u에 아쎈또가 찍힙니다.
   * 여성명사가 올 경우는 그대로 veintiuna casas(집 21채)가 됩니다.

1º	primero	[쁘리메로]	첫 번째의
2º	segundo	[세군도]	두 번째의
3º	tercero	[떼르쎄로]	세 번째의
4º	cuarto	[꾸아르또]	네 번째의
5º	quinto	[낀또]	다섯 번째의
6º	sexto	[섹쓰또]	여섯 번째의
7º	séptimo	[쎕띠모]	일곱 번째의
8º	octavo	[옥따보]	여덟 번째의
9º	noveno	[노베노]	아홉 번째의
10º	décimo	[데씨모]	열 번째의
11º	undécimo	[운데씨모]	열한 번째의
12º	duodécimo	[두오데씨모]	열두 번째의
13º	decimotercero	[데씨모떼르쎄로]	열세 번째의
14º	decimocuarto	[데씨모꾸아르또]	열네 번째의
15º	decimoquinto	[데씨모낀또]	열다섯 번째의
16º	decimosexto	[데씨모쎅스또]	열여섯 번째의
17º	decimoséptimo	[데씨모쎕띠모]	열일곱 번째의
18º	decimoctavo	[데씨모옥따보]	열여덟 번째의
19º	decimonoveno	[데씨모노베노]	열아홉 번째의
20º	vigésimo	[비헤씨모]	스무 번째의

¿Estás lista?
준비 되었니?

¿Estar list@ para + 명사/동사? ~할 준비가 되었니?

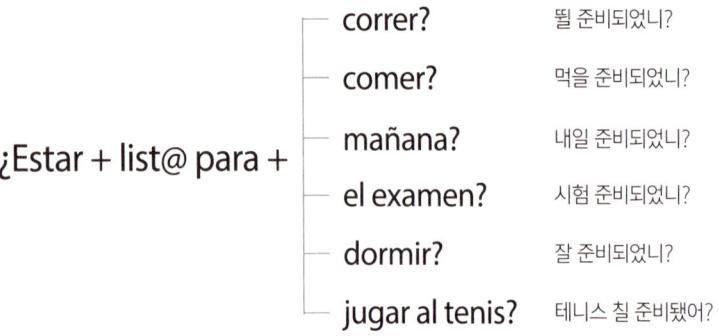

¿Estar + list@ para +
- correr? — 뛸 준비되었니?
- comer? — 먹을 준비되었니?
- mañana? — 내일 준비되었니?
- el examen? — 시험 준비되었니?
- dormir? — 잘 준비되었니?
- jugar al tenis? — 테니스 칠 준비됐어?

La comida está lista. 음식이 다 됐어.

Todo está listo. 모든 건 다 준비됐어.

Estoy list@. ¡Vamos! 나 준비됐어. 가자!

Estar list@ ~할 준비가 되었다

Ser list@ 빈틈이 없다 (주어의 성격 묘사)

- **Él es listo.** 그는 빈틈이 없다.

- **Ella es lista.** 그녀는 똑똑하다.

mañana / la mañana의 차이
- mañana : 내일 (오늘, 내일, 내일 모레 등에는 관사X)
- la mañana : 오전
- mañana por la mañana : 내일 오전 즈음에

el examen 시험　　　list@ 준비가 된, 빈틈이 없는

Tengo ganas de descansar.
나 쉬고 싶어

Tengo ganas de tomar algo, sobre todo cerveza.
나 뭐가를 마시고 싶네, 특히 맥주.

Tengo ganas de viajar, sobre todo España.
나 여행가고 싶어. 특히 스페인으로.

Tengo ganas de dormir en casa, porque estoy muy cansado.
나 집에서 자고 싶어. 왜냐면 너무 피곤해서.

Tengo ganas de vomitar, porque tengo náuseas.
나 속이 울렁거려서 토하고 싶어.

Tengo ganas de descansar porque tengo fiebre.
나 열이 나서 쉬고 싶어.

Tengo ganas de + 동사   ~한 욕구를 가지고 있다. = 나 ~하고 싶어.

* 욕구에 대한 표현이기 때문에 **querer** 동사보다 더 강한 의미를 가지고 있습니다.

- Quiero descansar. < Tengo ganas de descansar.
  나 쉬고 싶어.

- Quiero tomar cerveza.< Tengo ganas de tomar cerveza.
  나 맥주 마시고 싶어.

- Quiero dormir. < Tengo ganas de dormir.
  나 자고 싶어.

- Quiero comer algo. < Tengo ganas de comer algo.
  나 뭐 좀 먹고 싶어.

- Quiero hacer pis. < Tengo ganas de hacer pis.
  나 소변보고 싶어.

- Quiero ir al baño. < Tengo ganas de ir al baño.
  나 화장실에 가고 싶어.

- Quiero visitar Machupichu. < Tengo ganas de visitar Machupichu.
  나 마추픽추에 가보고 싶어.

1. '욕구'라는 뜻의 ganas는 복수 형태로 사용합니다.
2. 유명한 맥주(cerveza) 중 Corona는 '왕관'이라는 뜻의 스페인어입니다.

la gana 요구, 욕망   vomitar 토하다   algo 무언가
la náusea 속 울렁거림   sobre todo 특히   la fiebre 열

Si es posible, voy a visitar tu casa.
가능하면 너의 집을 방문할 게.

Si es posible, voy a visitar tu casa. 가능하면 너의 집을 방문할 게.

Si es posible, voy a visitar a Juan. 가능하면 후안을 만나러 갈게.

Si es posible, voy a tu casa. 가능하면 너의 집에 갈게.

Si él es buena persona, quiero salir con él.
만약 그 사람이 좋은 사람이라면, 그와 사귀고 싶어.

Si llueve mucho, no quiero ir al cine.
비가 많이 오면, 나는 극장에 안 갈래.

Si quieres, puedes venir a la fiesta de mi cumpleaños.
네가 원한다면, 내 생일 파티에 와도 돼.

Si quieres, vamos a tomar café. 네가 원한다면, 우리 커피 마시자.

~인지아닌지

No sé, si es posible. 나는 그게 가능한지 모르겠어.

No sé, si es correcto. 나는 그게 맞는지 모르겠어.

No sé, si es necesario. 나는 그게 필요한지 모르겠어.

Si+동사활용

'만약'의 의미를 나타내는 [si + 원하는 동사(해당하는 인칭에 알맞게 변형)]를 사용하면 "~을/를 한다면"이라는 조건의 표현을 만들 수 있습니다.

salir con ~와 사귀다

- Si ella es buena persona, quiero salir con ella.

만약 그녀가 좋은 사람이라면, 그녀와 사귀고 싶어.

al cine → a + el + cine

Si quieres, vamos a tomar café.

= Si quieres, tomamos café.

1. si(만약)와 sí(네)는 아쎈또로 의미가 구분됩니다.
2. posible에는 s가 하나이며 영어의 possible과 헷갈리지 않도록 주의하여 사용합니다.

buena persona 좋은 사람   necesari@ 없어서는 안 될   posible 가능한
correct@ 옳은

Yo siempre pienso en ti.
나는 항상 너를 생각해.

전치사와 함께 쓸 때 인칭대명사의 변화

인칭대명사	전치사종류	변화
yo tú	a ~를, ~에게, ~로	a mí, a ti - ¿Me quieres a mí? 너 나를 좋아하니?
	para ~를 위해, ~로, ~향해	para mí, para ti - Este libro es para ti. 이 책은 널 위한거야.
	en ~을 ~으로 ~에서	en mí, en ti - Yo siempre pienso en ti. 난 항상 널 생각해.
	con ~와, ~랑 ~와 함께	conmigo, contigo - Yo quiero tomar café contigo. 나는 너와 커피를 마시고 싶어.
	de ~의, ~로부터, ~으로	de mí, de ti - Estos libros son de mí. 이 책들은 나의 것이야.

* 이외의 인칭대명사는 변화없이 그대로 사용합니다.

A mí, me gusta. 나는 좋아.

a mí는 me를 다시 한번 강조하는 표현입니다.

Yo siempre pienso en ti. 난 항상 널 생각해.

전치사 en은 '사고'를 의미하는 동사와 함께 씁니다.

> **pensar en** ~을 생각하다 **concentrar en** ~에 집중하다 **creer en** ~을 믿다
> **confiar en** ~을 신뢰하다 **opinar en** ~ 의견을 갖다

¿Quieres tomar café conmigo? 나랑 커피 마실래?

인칭대명사를 그대로 사용하는 전치사

como ~처럼, ~와 같은 / entre ~사이에 / menos ~을 제외하고
  - como yo 나처럼 / como tú 너처럼

전치사 뒤의 1인칭 단수 인칭대명사인 mí는 소유사 mi와 구분하기 위해 아쎈또가 있습니다.

¿Cuál de las estaciones te gusta más?
어떤 계절을 가장 좋아하니?

Juan : A mí, me gusta la primavera porque la primavera de Corea es muy hermosa. Y ¿a ti?

Sofía : A mí, me gusta el verano.

Juan : ¿Por qué el verano?

Sofía : Porque me encanta nadar en el mar. Y ¿te gusta nadar en el mar?

Juan : Sí. A mí también, me encanta.

후안: 나는 봄을 좋아해. 왜냐하면 한국의 봄은 매우 아름답기 때문이야. 너는?

소피아: 나는 여름을 좋아해.

후안: 왜 여름을 좋아해?

소피아: 왜냐하면 나는 바다에서 수영하는 것을 매우 좋아하거든. 너는 바다에서 수영하는 거 좋아해?

후안: 응. 나도 역시 매우 좋아해.

Cuál '어떤'이라는 뜻의 의문사입니다.
한정적인 선택지에 대한 선택을 말할 때 사용합니다.

Y ¿a ti? 너는?
역구조동사 gustar를 사용한 문장에서 상대에게 묻는 표현은 y tú가 아니라 y a ti를 사용합니다.

- Y ¿a usted? 당신은요?   - Y ¿a ti? 너는?

역구조동사의 동의 / 반대 표현

부정형에 대한 동의 No me gusta el verano. → A mí, tampoco.

긍정형에 대한 동의 Me gusta el verano. → A mí, también.

부정형에 대한 반대 No me gusta el verano. →
    A mí, sí. (A mí me gusta el verano.)

긍정형에 대한 반대 Me gusta el verano. →
    A mí, no. (A mí no me gusta el verano.)

계절 표현

계절을 말할 때는 "~에 있다"라는 뜻을 지닌 Estar동사의 2인칭복수형인 Estamos en으로 표현합니다.

Estamos en primavera. 봄이다.

Estamos en verano. 여름이다.

Estamos en otoño. 가을이다.

Estamos en invierno. 겨울이다.

nadar 수영하다   mar 바다   encantar 매우 좋아하다
hermos@ 아름다운

Mi familia
나의 가족

En mi familia hay 3 miembros. Mi madre, mi padre y yo.

Mi madre se llama Helena. Ella es baja, un poco gordita. Tiene el pelo castaño oscuro y los ojos marrones. Es muy trabajadora y muy buena persona. A veces es un poco impaciente, pero yo espero ser algún día como ella.

Mi padre se llama Antonio. Él es bajo, un poco gordito y tiene la piel muy morena porque le gusta hacer ejercicio. Es muy inteligente y le gusta aprender.

Dedica su tiempo libre a estudiar. También le gusta hacer ejercicio, por eso muchas veces sale con sus amigos a hacer senderismo. Es un poco impaciente y algo soberbio, pero también es muy buena persona y muy generoso.

Yo soy la hija única. Yo también tengo el pelo castaño oscuro como mi mamá y la piel muy morena como mi papá. Soy una persona muy sociable y quiero ser muy buena persona como mis padres.

우리 가족 구성원은 세 명이야. 우리 엄마, 우리 아빠, 그리고 나.

우리 엄마는 엘레나야. 그녀는 키가 작고 약간 통통해. 어두운 밤색 머리카락과 밤색 눈을 가지고 계셔. 굉장히 성실하시고 매우 좋은 분이야. 이따금 약간 욱하시기도 하지만 나는 언젠가는 그녀처럼 되길 바래. 우리 아빠는 안또니오야. 그는 키가 크고 약간 통통하시고 운동하기를 좋아하셔서 까무잡잡한 피부를 가지고 계셔. 매우 똑똑하시고 배우는 걸 좋아하셔.

그는 남는 시간을 공부하는데 할애하셔. 또한 운동하는 걸 좋아하셔서 자주 아빠의 친구분들과 하이킹을 하러 나가셔. 약간 욱하기도 하시고 거만하시기도 하지만 역시 좋은 분이고 매우 너그러우셔.

나는 외동딸이야. 나도 역시 엄마처럼 어두운 밤색 머리카락을 가지고 있고, 아빠처럼 까무잡잡한 피부를 가지고 있어. 나는 사교적인 성격이고 우리 부모님처럼 좋은 사람이 되고 싶어.

¿Cómo es tu familia? 너의 가족은 어때?

　el miembro 구성원 ¿Cómo es tu miembro?
　el equipo 팀 ¿Cómo es tu equipo?

　＊ 구성원을 나열할 때는 나를 가장 마지막에 씁니다.　Silvia, Antonio y yo

신체에는 대부분 관사를 함께 써주어야 합니다.

　el pelo 머리카락 / la piel 피부 / la cabeza 머리 / los ojos 두 눈　etc...

Espero + 동사　나는 ~을 원해

　Espero(deseo, quiero) descansar en casa.　나는 집에서 쉬고싶어.

　＊ Espero + 동사 + como + 사람　~처럼 ~하고 싶어
　　Espero tener novio como tú.　나는 너처럼 남자친구가 있었으면 좋겠어.

'약간, 조금'이라는 뜻으로 algo와 un poco를 번갈아 가면서 사용하면 더 다양한 표현을 할 수 있습니다.

trabajador / trabajadora　성실한, 일을 열심히 하는
hijo único　외동아들　　　　　hija única　외동딸

Yo soy Ángel Puma.
Ángel Puma입니다.

Muy buenos días con todos ustedes.

Mi nombre es Ángel, soy peruano, llevo 6 años en Corea. Soy músico. Mi especialidad es la música latinoamericana.

Hoy quiero compartir con ustedes el mundo de la música andina. En Perú tenemos instrumentos tradicionales muy conocidos para la música andina y quiero mencionar 3 de ellos.

La zampoña es un instrumento de viento hecho de bambú similar a la flauta de pan. Tiene un sonido muy agradable. Pueden tocar muchas canciones. También tenemos la quena que tambien está hecho de bambu. Es muy parecido a un instrumento coreano que se llama 단소.

Luego tenemos el charango, que es un instrumento de cuerda muy parecido al ukelele (y que) tiene 10 cuerdas. Su sonido es muy armónico y muy dulce.

Ahora van a escuchar una canción muy especial y muy famosa en el mundo original de Perú. En esta canción usamos la zampoña, la quena y el charango.

Feliz de compartir con ustedes esta canción de Perú en este programa educativo 실비아의 스페인어 멘토링. Voy a compartir con ustedes una canción de mi grabación "El Cóndor Pasa". Muchísimas gracias.

여러분, 안녕하세요.

저의 이름은 Ángel입니다. 저는 페루 사람이고, 한국에서 지낸 지 6년이 되었어요. 저는 음악가이고 라틴 아메리카 음악이 전문입니다.

저는 오늘 여러분들과 함께 안데스 음악의 세계를 나누고 싶습니다. 페루에는 안데스 음악으로 매우 유명한 전통 악기들이 있고, 그 중에서 저는 세가지 악기를 언급하고 싶습니다.

zampoña는 팬플룻과 비슷하며 대나무로 만들고, 바람을 불어서 연주하는 악기입니다. 굉장히 좋은 소리를 가지고 있고, 여러가지 음악을 연주할 수 있습니다. 또 quena라는 악기도 있어요. 이것 역시 대나무로 만들어져 있죠. 단소라고 불리는 한국 악기와 매우 닮았습니다. 그리고 charango라는 악기도 있는데, 이 악기는 우쿨렐레와 유사한 현악기이며 10개의 현을 가지고 있어요. 그 소리는 아주 조화롭고 달콤합니다. 이제 아주 특별하고 유명한 페루만의 독특한 음악 세계를 들으실 겁니다. 이 음악에서는 zampoña, quena, charango를 사용하였습니다.

실비아의 스페인어 멘토링 교육방송에서 페루의 음악을 여러분과 함께 해서 아주 행복합니다. 여러분과 함께 제 음반의 한 곡인 "El Cóndor Pasa" (독수리가 지나간다)를 나누겠습니다. 감사합니다.

llevar는 '물건을 가지고 오다, 옷을 입고 있다'라는 뜻이지만,
llevar + 시간은 '~의 시간이 지나다'라는 뜻으로 시간 경과를 나타내는 표현입니다.

está hecho de ~으로 만들어졌다.

tener un sonido ~한 소리를 가지고 있다.

mi especialidad es 나의 전공은 ~입니다.

muy conocidos 잘 알려진

similar a ~와 닮은, ~와 비슷한

es muy parecido a ~와 닮은

QR코드를 찍으면 #1 "El Cóndor Pasa"라는 안데스 음악을 감상할 수 있습니다.

similar a ~와 비슷하다, 흡사하다   **parecido a** ~와 닮은   **la especialidad** 전공, 전문
armónico 조화로운   **dulce** 달콤한   **la grabación** 녹음, 음반
andin@ 안데스 지방의   **conocid@** 유명한, 모두가 잘 알고 있는
original 최초의, 독특한, 독창적인   **compartir** 함께하다, 공유하다   **pasar** 지나가다

¿Aún estás trabajando?
아직 일하고 있니?

¿Aún estás trabajando?

Sí, sigo trabajando en la oficina. Todos los días estoy muy ocupada. Siempre tengo mucho trabajo con la computadora. Por eso me duelen mucho los ojos. Quiero descansar en casa leyendo novelas románticas y otros libros para poder aprender muchas cosas. ¡Espero descansar muy pronto!

아직도 일하는 중이니?

응. 사무실에서 계속 일하고 있는 중이야. 나 요즘 매일 바빠. 나는 컴퓨터 작업이 요즘 너무 많아. 그래서 나는 두 눈이 아파. 많은 것들을 배울 수 있도록 나는 집에서 로맨틱 소설도 읽고 다른 책들도 읽으면서 쉬고 싶어. 빨리 쉬고 싶어!

trabajar 일하다
la computadora 컴퓨터
leer 읽다 (leyendo 읽고있는중이다)

aún 아직도, 아직
los ojos 두 눈
descansar 휴식을취하다

ocupad@ 바쁜
poder 할 수 있다

¿Estás trabajando? 일하고 있는 중이니?

estar 동사의 2인칭인 estás를 사용하여 주어를 구분해주고 있으며, trabajar를 trabajando로 사용하여 진행형의 의미를 담고 있습니다.

Seguir
행동을 계속하고 있다

(yo)	**sigo**
(tú)	**sigues**
(él, ella, usted)	**sigue**
(nosotr@s)	**seguimos**
(vosotr@s)	**seguís**
(ell@s, ustedes)	**siguen**

* estar 외에 seguir 동사를 이용하여 행동의 지속성을 강조할 수 있습니다.

Todo el día 하루 종일 / **Todos los días** 매일

Doler
아픔을 주다

(yo)	**duelo**
(tú)	**dueles**
(él, ella, usted)	**duele**
(nosotr@s)	**dolemos**
(vosotr@s)	**doléis**
(ell@s, ustedes)	**duelen**

* doler동사는 역구조 동사로 3인칭 단수, 복수가 사용됩니다.

esperar+동사원형 ~하기를 바란다, 원한다

- **Espero descansar.** 쉬고 싶다.

- **Espero dormir.** 자고 싶다.

¡Es muy caro!
너무 비싸요!

가격 묻기

물건이 주어일 때

¿Cuánto cuesta? (물건이) 얼마에요? → 물건의 수량이 하나일 때

¿Cuánto cuestan? (물건이) 얼마에요? → 물건의 수량이 둘 이상일 때

- Cuesta un peso. 1페소입니다. → 물건 하나가 1페소

- Cuesta tres pesos. 3페소입니다. → 물건 하나가 3페소

* 물건의 수량에 따라 costar동사가 3인칭 단수 / 복수로 바뀝니다.

¿Cuánto vale? (물건이) 얼마에요? → 물건의 수량이 하나일 때

¿Cuánto valen? (물건이) 얼마에요? → 물건의 수량이 둘 이상일 때

- Vale siete pesos. 7페소입니다. → 물건 하나가 7페소

- Valen siete pesos. 7페소입니다. → 여러 개의 물건의 합이 7페소

* 물건의 수량에 따라 valer동사가 3인칭 단수 / 복수로 바뀝니다.

가격이 주어일 때

¿Cuánto es? 얼마에요?

- Es un peso. 1페소입니다.

- Son dos pesos. 2페소입니다.

- Son seis pesos. 3페소입니다.

* 가격의 숫자에 따라 ser 동사가 3인칭 단수 / 복수로 바뀝니다.

할인 받기

Descuento, por favor. 조금 할인해주세요.

	단수	복수
비싸다	Es(Está) muy car@.	Son(Están) muy car@s.
저렴하다	Es(Está) muy barat@.	Son(Están) muy barat@s.

¿Cuánto es?

ser 동사의 주어는 가격이기 때문에 대답을 하는 경우, 가격에 따라 ser 동사가 단수가 될 수도 있고, 복수가 될 수도 있습니다.

- Es 1 peso. → ser 3인칭 단수, peso 단수
- Son 2 pesos. → ser 3인칭 복수, pesos 복수

*1 peso만 ser 동사 3인칭 단수를 사용하고, 2 pesos부터는 ser 동사 3인칭 복수, 화폐단위 복수를 사용합니다.

costar 동사, valer 동사는 물건이 주어

¿Cuánto cuesta? : 사고자 하는 물건이 1개인 경우

¿Cuánto cuestan? : 사고자 하는 물건이 여러 개인 경우

¿Cuánto vale? : 사고자 하는 물건이 1개인 경우

¿Cuánto valen? : 사고자 하는 물건이 여러 개인 경우

화폐단위도 숫자에 따라 단수, 복수를 구별하여 사용합니다.

el precio 가격   costar 값이 나가다   valer 가치가 나가다
el descuento 할인

La cena está preparada.
저녁 식사는 준비되어 있어.

과거분사와 형용사 구분하기

1. estar동사+과거분사p.p(성수 변화)

→ 이미 완료된 상태를 나타내는 형용사역할

La cena está preparada. 저녁은 준비되어 있어. (preparar 준비하다)

El profesor está cansado. 교수님은 피곤하셔. (cansar 피곤하게 하다)

Juan está resfriado. 후안은 감기에 걸려있어. (resfriar 차갑게 만들다)

2. haber동사+과거분사 p.p(성수 변화X) → 현재완료

He decidido cambiar de trabajo. 직업을 바꾸기로 결정했어.

Hemos decidido casarnos. 우리 결혼하기로 했어.

Yo he comido bastante. 나 엄청 많이 먹었어.

3. ser 동사+과거분사 p.p (성수 변화) → 수동태

La tienda es abierta por el dueño. 매장은 주인으로 인해 열려 있다.

Matilda es amada entre sus compañeros.
마띨다는 동료들 사이에서 사랑을 받는 사람이야.

형용사 올바르게 쓰기

우리가 일반적으로 알고 있는 형용사 중에는 동사의 과거분사형에서 온 형용사들이 매우 많습니다. 다음을 체크하여 사용해주세요.

1. 형용사적인 의미로 쓰일 경우에는 주어의 성과 수를 꼭 확인하여 사용해야합니다.

- preparar → preparado (남) / preparada (여)
- resfriar → resfriado (남) / resfriada (여)
- cansar → cansado (남) / cansada (여)

2. haber 동사와 함께 현재완료형을 만들 때는 어미가 변화하지 않습니다.

3. 재귀동사에서 파생되어 만들어진 형용사는 재귀대명사를 생략하여 사용합니다.

sentar"앉히다"–sentarse"앉다"–sentado"앉은" → sentado는 재귀대명사 없이 자동사의 의미를 갖는 형용사가 됩니다.

preparad@ 준비되어 있는	la cena 저녁	cansad@ 피곤한
resfriad@ 감기에 걸린	resfriar 차갑게 만들다	resfriarse 감기에 걸리다
cambiar 바꾸다	casar 결혼시키다	casarse 결혼하다
decidir 결정하다	el/la dueñ@ 주인	la tienda 매장

¿Qué has hecho hoy?
오늘 뭐 했어?

¿Qué has hecho hoy?

Hoy me he levantado a las 6 de la mañana. Desde las 8 empiezo mi trabajo y no he tenido tiempo para comer. Todo el día he estado muy ocupado con un montón de trabajo. Quiero volver a casa para descansar un poco y tumbarme. Pero primero quiero picar algo porque me muero de hambre. Si quieres, vamos juntos.

오늘 뭐 했어?

나는 오늘 아침 6시에 일어났어. 8시부터 일을 시작해서 식사할 시간도 없었어. 나는 하루 종일 엄청난 일로 인해 바빴어. 나는 좀 쉬기 위해 집에 가고 싶어. 그런데 너무 배가 고파서 우선 나는 뭘 좀 먹고 싶어. 너도 원한다면 우리 같이 가자.

	Empezar 시작하다	Morir 죽다
(yo)	empiezo	muero
(tú)	empiezas	mueres
(él, ella, usted)	empieza	muere
(nosotr@s)	empezamos	morimos
(vosotr@s)	empezáis	morís
(ell@s, ustedes)	empiezan	mueren

- No he tenido tiempo para estudiar. 공부할 시간이 없었어.

- No he tenido tiempo para ir a casa. 집에 갈 시간이 없었어.

- No he tenido tiempo para dormir. 잠을 잘 시간이 없었어.

    ＊부정어 no는 haber동사 앞에 씁니다.

muero '죽겠어'의 강조격 재귀대명사를 사용하여 me muero로 표현합니다.

me muero de+명사 '~해서 죽겠다'

	Ir 가다	Querer 원하다
(yo)	voy	quiero
(tú)	vas	quieres
(él, ella, usted)	va	quiere
(nosotr@s)	vamos	queremos
(vosotr@s)	vais	queréis
(ell@s, ustedes)	van	quieren

Si quieres, vamos juntos.

Si는 '만약에 ~한다면'이라는 의미로 아쎈또 없이 사용합니다.

1. '하루 종일 ~을 했다'라는 가까운 과거를 표현하기 위해 haber+hecho를 사용합니다.
2. 재귀동사를 현재완료로 쓸 때, 재귀대명사는 조동사 haber 앞에 씁니다.
   - *me he levantado.*

desde ~로부터	el tiempo 시간	el montón 상당한 수, 꽤 많은 수
morir 죽다	volver 돌아가다, 돌아오다	para ~를 하기 위해
descansar 휴식하다, 쉬다	todo el día 하루종일	primero 첫 번, 먼저, 우선
tumbar 쓰러뜨리다	picar 뾰족한 것으로 찌르다, 간식을 먹다	junt@s 함께

¡Feliz navidad!
메리크리스마스!

¡Feliz Navidad! 메리크리스마스! (행복한 크리스마스)

¡Feliz Año Nuevo! 새해 복 많이 받으세요! (행복한 새해)

¡Feliz cumpleaños! 생일 축하해!

¡Feliz aniversario de bodas! 결혼 기념일을 축하해!

Te deseo tanta suerte como estrellas del cielo,
tanta salud como rayos del sol y tanta felicidad
como las sonrisas de los niños.
¡Feliz Navidad y Próspero Año Nuevo 2023!
De Silvia.

하늘의 수많은 별들처럼 너에게 많은 행운이 있기를 바래.
아이들의 미소처럼 행복이 가득하고, 또 태양의 빛처럼 건강함도 네게 있길 바랄게.
번창하는 새로운 2023년이 되길 바래.
메리크리스마스!
- 실비아가 -

tanta

'그렇게 많은'이라는 의미로 명사 앞에서 명사를 수식합니다. 앞의 명사가 여성명사이면 **tanta**, 남성명사이면 **tanto**로 사용합니다.

Ayer me encontré con un ángel y me preguntó: ¿Cuál es tu deseo para la Navidad? Y le dije que quiero vivir agradeciendo y compartiendo con mis compañeros.

De Silvia.

어제 나는 천사를 만났는데 나에게 그가 물었어. "너의 크리스마스 소원이 무엇이니?" 그래서 나는 "나의 동료들과 함께 감사하면서, 함께 나누면서 살고 싶어."라고 말했어.

- 실비아가 -

feliz 행복한
el aniversario 기념일
la estrella 별
el rayo 빛, 광선
próser@ 번영하는, 성장하는
compartiendo 나누면서

la Navidad 크리스마스
la boda 결혼식, 결혼
el cielo 하늘
la felicidad 행복
el deseo 소원
compartir 나누다

el Año Nuevo 새해
la suerte 행운, 복
la salud 건강
la sonrisa 미소
agradecer 감사함을 느끼다